U0635043

基于幼儿主动探究能力培养的科学游戏实践研究

高新颖 ◎ 主编

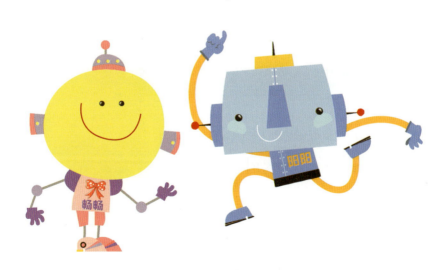

天津出版传媒集团

天津人民出版社

图书在版编目 (CIP) 数据

基于幼儿主动探究能力培养的科学游戏实践研究 /
高新颖主编 . -- 天津 : 天津人民出版社 , 2023.7
ISBN 978-7-201-19581-0

Ⅰ . ①基… Ⅱ . ①高… Ⅲ . ①游戏课 - 教学研究 - 学
前教育 Ⅳ . ① G613.7

中国国家版本馆 CIP 数据核字 (2023) 第 128373 号

基于幼儿主动探究能力培养的科学游戏实践研究
JIYU YOUER ZHUDONG TANJIU NENGLI PEIYANG DE KEXUE YOUXI SHIJIAN YANJIU

出　　版　天津人民出版社
出 版 人　刘　庆
地　　址　天津市和平区西康路 35 号康岳大厦
邮政编码　300051
邮购电话　（022）23332469
电子信箱　reader@tjrmcbs.com

责任编辑　佟　鑫

印　　刷　北京广达印刷有限公司
经　　销　新华书店
开　　本　710 毫米 ×1000 毫米　1/16
印　　张　12
字　　数　170 千字
版次印次　2023 年 7 月第 1 版　2023 年 7 月第 1 次印刷
定　　价　78.00 元

前　言

　　科技创新关键在人才，大力培养和吸引科技人才已成为世界各国赢得国际竞争优势的战略性选择。《国家中长期科技人才发展规划（2010—2020年）》中指出，科技人才是国家人才资源的重要组成部分，是科技创新的关键因素，是推动国家经济社会发展的重要力量。作为学前教育者的我们，应顺应时代发展，帮助儿童从小培养探究的兴趣和能力，使其成长为祖国未来发展的建设者。长阳第二幼儿园在"让每个孩子都成为最好的自己"这一办园理念的引领下，自建园以来就将培养"爱探索、善表达、乐向上"的儿童作为目标，关注幼儿自身科学素养的形成，为幼儿创设科学探索的环境和机会。

　　儿童的天性就是喜欢玩游戏，他们会通过游戏活动来愉悦身心、发展各种能力，实现身体和心理的成长。基于儿童发展的特点，在"十三五"期间，我园申报了市级课题《科学游戏促进幼儿主动探究的研究》，以科学区域游戏为切入点进行了探究。力争从小培养和激发幼儿对科学探究的兴趣和探究能力，为将来的科技创新人才发展奠定坚实基础。

　　历经6年多的研究与实践，我园形成了独特的科学区域游戏课程，多次迎接市区级幼教同仁来园观摩学习，并且代表房山区承担了北京市教研全覆盖活动，受到了专家和同仁的一致肯定和认可，还在房山区课程领导力提升项目中成为样本园。多年的研究和实践学习，为我园干部教师开展科学游戏提供了有效的支持与帮助，拓宽了教师科学游戏开展的思路，帮助他们准确掌握各年龄段幼儿的科学活动目标和指定对应的指导策略，提高了教师的专业素养，提升了教师的科研能力。此项研究获得了北京市"十三五"课题一等奖和北京市第六届基础教育教

学成果奖评选二等奖，目前又被北京市教委推荐参加全国教学成果评选。

本书从四个章节进行阐述，第一章为幼儿园科学区域游戏，重点介绍了科学区域游戏的相关概念，并阐述了教师的困惑和各层面对我园研究的启示及我园研究历程与取得的成效；第二章为幼儿园科学区域材料投放，其中包括投放原则、投放方法；第三章为实践部分，附有我园开展的 56 个科学游戏；第四章为科学游戏的观察与指导策略和教师指导相关案例。最后，还将教师总结的各年龄段科学活动目标和科学园本课程设置进行了简单论述。

本书为一线教师和保教管理者提供实践的支持与帮助。理论和实践内容相结合，便于教师理解和操作。

本书的成书较为仓促，水平有限，写作难免存在不足，恳请各位幼教同仁批评指正，也希望能对您开展科学区域游戏有所启发和帮助！

高新颖

北京市房山区长阳第二幼儿园

2022 年 7 月

目录

第一章　幼儿园科学区域游戏　　2

第一节　科学区域游戏的研究背景　　2
第二节　科学区域游戏的研究概述　　2
第三节　科学区域游戏研究的创新与推广　　13

第二章　幼儿园科学区域材料投放 16

第一节　科学区域游戏材料投放原则　　16
第二节　科学区域材料投放方法　　18

第三章　幼儿园科学区域游戏实践 22

第一节　好玩的感知类游戏　　22
第二节　好玩的探究类游戏　　68

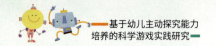
第四章　幼儿园科学区域游戏的观察与指导 140

第一节　促进幼儿主动探究的科学区域游戏观察分析方法　　140
第二节　幼儿科学游戏"6段式"探究规律及常见表现　　142
第三节　科学游戏"6阶段"的教师支持策略　　144
第四节　幼儿探究科学游戏完整案例　　162

附录 1：科学游戏三级目标　　　　　　177
附录 2：幼儿园各年龄段科学游戏课程设置 184

第一章　幼儿园科学区域游戏

第一节　科学区域游戏的研究背景

"十四五"规划和2035年远景目标纲要中提到，培养造就更多国际一流的战略科技人才、科技领军人才和创新团队，培养具有国际竞争力的青年科技人才后备军。这向我们客观揭示了国家对科技人才的需求，这对教育者来说既是鼓舞，更是鞭策。《3～6岁儿童学习与发展指南》指出，幼儿科学学习的核心是激发探究兴趣，体验探究过程，发展初步的探究能力。我们应该紧随科学技术的发展调整教育步伐，研究新形势下如何提升幼儿探究兴趣及探究能力。同时，《指南》还指出，支持幼儿科学探究不仅要有支持性的心理氛围，也要有适宜的材料支持，蒙台梭利也提到了支持幼儿活动要给幼儿提供"有准备的环境"。以上我们可以看出培养幼儿探究兴趣和能力，提供适宜的材料是必不可少的。

北京市贯彻《幼儿园教育指导纲要（试行）》实施细则中提出要为幼儿提供充分的探索空间与探索材料，而科学区域就是可以很好满足幼儿探索空间和材料条件的场地。目前各幼儿园越来越重视幼儿探究兴趣和探究能力的提升，但是研究范围较宽泛，不具体。各园购入昂贵的科学玩具后，幼儿摆弄一阵就失去了兴趣，一学期下来，幼儿科学探究兴趣和探究能力并没有得到明显提升。另外，随着众多国外科学教育理念的涌入，有些园所让教师们盲目地进行跟从模仿，教师面对运用这些策略后产生的各种突发情况更是疑惑重重，投入材料后不知道该怎么指导。如若材料资源准备不充分，设施配套不齐全，还会严重影响幼儿自由探究的效果，让幼儿探究兴趣和探究能力的培养产生局限性，更严重的甚至会影响幼儿的全面发展。

本园在开展《科学游戏促进幼儿主动探究的研究》这一课题后，发现幼儿的探究兴趣变得浓厚，探究时间也比以前更久，还初步掌握了一些简单的探究方法，但仍有部分幼儿对操作材料不感兴趣，而且探究不够深入。分析其原因，一是材料投放过于单一，不够丰富；二是投放的材料层次不明显，使得幼儿游戏不够深入。三是教师欠缺对科学游戏材料的理解、运用。此外，幼儿园购买的科学玩具不全面，导致构建的科学知识覆盖面有限，和科学活动目标有一定的差距。在开展科学探究活动过程中，教师在资源开发方面面临着一定的挑战，利用匮乏的科学材料资源开展探究活动在一定程度上阻碍了幼儿探究兴趣和探究能力的发展。

因此，什么样的科学区域材料能更好地提升幼儿的科学探究兴趣和能力，这些材料怎么投放，如何运用，教师如何指导才能更好地发展幼儿探究能力成为老师们急需解决的问题，也成为本次研究向纵深发展的方向。最后，希望通过本研究能提高幼儿的科学探究兴趣以及探究能力，并借此提高教师的科学教育水平。

第二节　科学区域游戏的研究概述

一、研究目的

（一）丰富科学区域游戏材料及理论知识

开展科学区域游戏研究，有助于园所科学区域的游戏材料更加丰富，弥补幼儿园科学区域理论知识的不足，既而为一线教师提供科学区域材料投放及教师指导的理论依据。

（二）激发幼儿的探究兴趣，提升幼儿的探究能力

众所周知，兴趣是最好的老师，爱玩又是幼儿的天性。在幼儿园的科学区域活动中，材料是直接作用于幼儿的，材料是幼儿隐性的老师，因此材料的选择和投放都是十分重要的。教师如果能为幼儿提供有趣的材料并给予适宜的支持，那么幼儿就会在与材料的互动中产生探究兴趣，学会正确的探究方法，并获得相关的科学知识。另外，在科学探究过程中，幼儿通过自身的活动对周围的事物进行探究，幼儿的好奇心、探究欲、坚持性、抗挫能力、合作能力等其他学习品质都能在探究过程中得到发展。这些科学的态度和能力必将影响幼儿的一生。

（三）提高教师对科学游戏的指导能力

材料虽然可以成为幼儿隐性的老师，但是如果幼儿遇到了问题或者困难时，教师不参与其中，幼儿就会表现得失落并逐渐对材料失去信心和兴趣。而且我们调查发现，教师过度地参与幼儿的活动也会使幼儿失去探索的兴趣和欲望，出现所谓的"把游戏玩丢了"，所以，教师有效并科学的指导对幼儿的探索兴趣和能力提高是至关重要的。幼儿探究能力的发展需要通过教师的指导来达成，教师的成长也需要经历从实践走向理论研究到再实践的过程。另外，科学游戏还可以提

升教师对科学游戏的观察分析能力，帮助教师理解幼儿的学习方式，丰富他们的游戏支持策略，从而达到提升教师专业水平的目的。

二、研究内容

（一）科学游戏的概念界定

本研究界定，在幼儿园内开展的幼儿科学游戏，是幼儿在园内运用自然物质材料和有关的图片、玩具（科技玩具）等物品，进行的带有游戏性质的操作活动，包括幼儿自发的幼儿园科学游戏和幼儿园教师组织的幼儿园科学游戏，是幼儿在幼儿园内学习科学知识，提升科学素养的一种有效方式。

（二）主动探究

本研究对科学游戏中主动探究的界定为通过师幼共同创设的科学游戏环境，使幼儿产生内在的学习兴趣、需要，目的明确并且持续地通过自身的感觉器官，主动探索周围世界并获得信息、发现问题、解决问题的状态。主动探究的特征：一是幼儿受自身内在的动机（幼儿的喜好、好奇心、探究欲望等）驱使；二是幼儿与物之间的互相作用，从而表现出来的一种外向型的行为；三是新发现与已有的知识经验的相互作用所诱发的行为。

三、研究的理论依据

（一）高宽课程理念

高宽课程是由美国著名的儿童心理学家韦卡特及其同事于 20 世纪 60 年代创立的，该课程以皮亚杰的认知发展理论为基础形成了以帮助儿童学会主动学习为基本价值取向，以系列关键经验为主要学习内容，以计划、行动和反思的被动教学为基本组织形式，旨在让孩子们对周围的自然和社会具有高度热情和广泛兴趣的一种幼儿园课程模式。

对本研究的启示：通过材料、操作、选择、儿童语言及思维、成人支持等要素，让儿童充分发挥主动参与、主动学习的品质。

（二）蒙台梭利教育法

教育的基本任务是使每个儿童的潜能在一个有准备的环境中获得自我发展的自由，让儿童在不干扰他人的情况下可以自由选择。因此，需要为幼儿创设有准备的环境。

教具的设计与儿童内在发展需要相配合，与儿童敏感期的发展相配合，因此各种教具在设计及使用方法上由简至繁，具有顺序性。教具是为自主教育而设计的，所以对错误的控制是教具本身的特点。

教师了解并认识自己处于观察者的地位。教师的职责就是建立常规并排除儿童自然发展中的障碍，观察儿童的表现和了解儿童的需要，以便更好地承认、培育和保护儿童自身的能力，给予他们间接的帮助。

强调儿童只有在自由的气氛中才能将自我展现出来，儿童的自由应该以不违反共同利益为原则。教室里儿童可以随意选择自己所喜欢的活动，而真正的选择是来自于他们对练习活动的了解。儿童经过自由选择、自主练习从而实现专注。专注是智力发展的前提。

对本研究的启示：

1.创设有准备的环境和有目的的投放材料非常重要。

2.环境和材料的准备都要符合儿童内在发展需要，材料的投放应该具有顺序性和层次性。

3.教师要通过观察了解儿童的需要和发展水平，在必要的时候给予指导。

4.实现幼儿自主探究的第一步是教师要给儿童自由的空间，鼓励幼儿自主选择游戏内容，但选择的前提是熟悉材料及玩法。

（三）皮亚杰的建构主义

1.儿童的认知发展是在其不断地与环境的相互作用中获得的，当儿童探索外部世界时，他们会积极地建构心理结构。

2.认识既不发生于主体，也不发生于客体，而是发生于主体与客体之间同化和顺应的相互作用中。学习是学习者主动建构的过程。

对本研究的启示：

1.环境对儿童发展具有重要价值，特别是要为儿童提供良好的环境，材料要具有可操作、结构化的特点，使幼儿在与环境的互动中获得发展。

2.教师要重视并了解幼儿的原有经验，支持幼儿用各种方式表达事物的前提是丰富幼儿的原有经验。

3.教师的指导策略要能够利用儿童的认知冲突。在了解幼儿原有经验的基础上通过关键提问，使幼儿产生认知冲突，从而主动建构新经验。

儿童的学习是主动建构知识的过程。在科学探究中，幼儿通过操作材料，建构科学知识，同时在探究和操作中体验认知冲突，探究冲突原因，找到解决冲突问题的办法。这种过程可以有效培养幼儿的探究兴趣、探究能力以及科学思维能力。

四、研究历程与方法

自2015年9月至2021年8月，历经6年，课题组从理论与实践两条路径展开了研究。理论层面：结合《3～6岁儿童学习与发展指南》和《北京市幼儿园教育指导纲要》（以下简称《指南》和《纲要》）的相关要求，从梳理科学概念及关键经验入手，细化科学领域的目标，解决幼儿游戏探究目的不清、教师科学概念模糊等问题；实践层面：从观察幼儿日常探究行为切入，以促进幼儿主动探究为研究目的，以幼儿游戏探究需求为研究推进方向。研究经历了从关注"教师该投放什么材料"到关注"幼儿的探究兴趣是什么"，从关注"教师该怎么支持幼儿"到关注"幼儿的游戏需求是什么"，从关注"科学游戏的发展目标"到关注"幼儿在游戏过程中经历了什么？"，实现了教师对幼儿游戏关注视角的转变，提升了教师的专业水平。

（一）梳理科学概念及关键经验，确立研究内容

基于本园科学游戏现状确立研究方向，并进行文献梳理和分析，对科学游戏和自主探究进行概念界定；细化科学游戏的目标、梳理科学游戏概念及关键经验；制定研究方案，组织全体教师针对科学游戏主动学习等相关内容进行培训，解决理念问题。

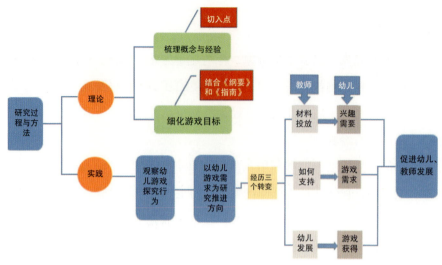

图 1 研究过程、方法

　　课题组将收集到的科学游戏进行系统分类，按照"做中学"的经验，将幼儿各类科学游戏所涉及的科学概念进行整理与提炼，帮助教师在科学概念、关键经验与幼儿潜在的发展目标之间建立联系。下表以物质特性的科学概念为例进行说明，一级科学概念是较为概括的物质特性，二级科学概念是物质中具体的（空气）物质特性，后面两项是一、二级科学概念相对应的关键经验和幼儿可探究点。

一级科学概念	二级科学概念	关键经验	可探究点
1.物质具有不同的特性、结构和功能，物质的特征取决于它的结构成分。 2.物体总以不同形式运动。	1.空气是无色无味的气体，体积能够随容器变化而改变。 2.有流动性和浮力等特点。	空气有流动性，受到阻碍会改变流动方向；空气有压力。	空气特征包括形状、颜色、流动性、压强等。
推荐相关游戏： 1.气球天平 2.气球火箭 3.气球抽水机 4.气球风火轮 5.风车转转转			幼儿潜在发展目标：观察、思考、推理、验证、表达。

表 1 物质特性科学概念

（二）构建操作性强的科学游戏目标体系

基于《指南》和《纲要》的要求，将原有目标从"情感态度、知识经验、方法技能"三个方面进行梳理，细化、拆分、归类为三级科学目标，以便于教师直接使用，这样可以较好地解决教师对科学游戏目标模糊、儿童游戏无目的的问题。其中，一级目标指的是《指南》和《纲要》中的科学领域目标，二级目标是对《指南》和《纲要》科学领域目标的解释说明，三级目标就是本研究细化出的可操作性较强的目标。目标的细化，使得教师在组织指导科学游戏时方向性更强。

下表以大班科学游戏"地震测试"为例进行说明：

一级目标	二级目标	三级目标		
		情感态度	知识经验	方法技能
能运用各种感官，动手动脑，探究问题。	能感知事物的主要特征、喜欢动手操作探究问题，尝试用多种方式表达想法。	在观察、比较、探究以及解决问题的过程中养成细心、专心、耐心、坚持、不怕困难等品质。	能探索并发现常见物质的基本特征和物理现象产生的条件或影响因素。	能通过整体观察与分析，发现事物之间明显的关联；推测简单的因果关联条件，并能用一定的方法验证自己的猜测；会用多种方式记录过程、结果；会使用简单工具。
案例：幼儿在玩"地震测试仪"时推测"楼房"搭得越高，地震的时候楼房能坚持不倒的时间越短。他们需验证并记录自己的这些发现。			幼儿在游戏中发现地震测试仪不动了，幼儿推测可能是没电了，也可能是连接不实，于是，他们在使用螺丝刀给地震测试仪换电池。	

表 2 "地震测试"科学游戏

科学游戏目标不同于科学区域教学活动的目标。教学活动是教师围绕预设的教学目标按计划实施的过程，科学游戏则是教师追随幼儿自主探究兴趣给予有效支持的过程。与教学活动相比，科学游戏目标的实现更能突显幼儿游戏的主体地位，也是幼儿实现自主建构知识的过程。科学游戏目标的梳理为教师支持幼儿的游戏提供了重要依据，减少了教师材料投放及指导的盲目性。（见附录1：科学游戏三级目标）

（三）创新研修机制，研发经典游戏案例

本园构建了"学、研、用"三位一体的园本研究模式，将学习培训、研究推进、实践检验三者有机结合，借助园本大教研及年级小教研筛选出经典案例，在基地上连片构建"上下左右"立体式教研模式，上有市区级专家高位引领，下有年级组、教师小组、家园共育教研支撑实践；左依"基地连片"研修共同体共建共研，右靠友邻园所实践检验反馈意见。通过这种教研模式，提高了教学成果的科学性、实用性、创新性，真正起到了促进幼儿全面发展，促进教师专业能力提升的目的。

图2　立体教研模式

立体教研模式有助于对游戏案例的深度检验，通过撰写经典游戏案例能让教师更为深刻地认识到游戏中幼儿的兴趣需求、游戏中幼儿存在的问题及对应的解决方法，帮助教师从更高角度去审视游戏对幼儿的发展价值，从而更好地梳理、指导幼儿科学游戏。另外，科学游戏案例的研发有助于其他教师深入了解科学游戏开展的过程，便于借鉴使用。

（四）完善课程设置，实现领域整合

科学游戏探究不是独立存在的，而是与其他领域相互渗透、相互融合，共同存在于一日活动之中。为了更好地实现科学游戏价值，我们将科学游戏的研究与主题教学、科学集体教学进行结合，室内游戏和室外游戏进行结合，将科学游戏分为物质特性、物质现象、生命科学、生活应用四大类，并依据各年龄段幼儿目标、幼儿学习特点、园所周边资源及季节、节日等设置科学游戏园本课程。

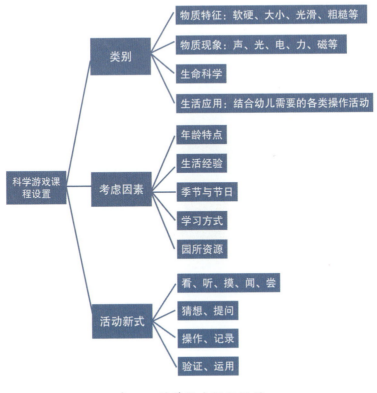

表3　科学游戏课程设置

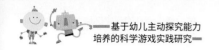
　　科学游戏园本课程实施以来，不仅帮助幼儿养成了严谨求实的科学态度和主动观察、主动思考的习惯，而且帮助幼儿建立了自主自信的品质，形成了积极乐观向上的性格。

第三节 科学区域游戏研究的创新与推广

一、创新类别

（一）实践创新

1.建构可操作性强的目标体系：从"情感态度、知识经验、方法技能"三个方面进行梳理，将原有目标细化、拆分、归类为三级科学目标，便于教师直接使用。

2.探究"双点式"材料投放方式：一方面，从遵循幼儿的认知特点、兴趣等入手投放材料，确保游戏贴近幼儿；另一方面，从幼儿有生活经验的游戏探究点入手投放材料，确保幼儿的发展。研究出不同年龄阶段适宜的科学游戏内容及材料，分层投放材料并及时调整，助推幼儿构建相关科学知识经验。

3."6段式"幼儿科学游戏探究规律及教师支持策略：依据幼儿游戏不同环节的具体行为，梳理出能够支持幼儿主动探究的教师支持策略。

（二）方法创新

构建"学、研、用"三位一体的园本研究模式，将学习培训、研究推进、实践检验三者有机结合，促进幼儿全面发展，促进教师专业能力提升。

（三）机制创新

构建"上下左右"立体式教研模式，上有市区级专家高位引领，下有年级组、教师小组、家园共育教研支撑实践；左依"基地连片"研修共同体共建共研，右靠友邻园所实践检验反馈意见。通过这种教研模式，提高了教学成果的科学性、实用性、创新性。

二、应用与推广

研究将《指南》中的科学目标进行细化分解，增强可操作性，便于青年教师

直接使用。梳理了 3 ～ 6 岁儿童认知范围内的科学概念和关键经验，作为广大一线教师的教学参考；总结了幼儿科学游戏发展规律，便于教师识别幼儿的游戏阶段，并有针对性地进行指导；研发了图文并茂的科学游戏内容，为广大幼儿园教师在科学游戏内容和材料选择上提供蓝本，有效解决了幼儿园组织科学游戏的普遍适用性问题。

第二章　幼儿园科学区域材料投放

第一节　科学区域游戏材料投放原则

一、依据科学材料的主题性投放基本材料和开放性材料

在科学游戏中材料包括两大类：基本材料和开放性材料。基本材料指的是此类游戏的主要材料，包括各类磁铁和各类光源；开放性材料是指幼儿在探究过程中所需要的具有多种玩法的低结构材料，例如，纸板、塑料瓶、易拉罐等。

研究发现，开放性材料简单、便于收集，可自主探究的空间较大，能够使已有游戏生活化、动态化，实现多种玩法，让幼儿的游戏具有生命力，为幼儿长久地提供操作和想象的空间。例如，在"好玩的滚动"游戏中，纸筒、各类小球、蛋壳、易拉罐、线轴、纸盘、可以做斜面的纸板等都成了幼儿们非常喜爱的探究材料。

二、依据游戏的探究点投放材料

探究点是指隐藏在探究活动中，支撑探究活动开展的关键性科学知识和经验。下面以科学游戏"纸桥力量大"为例，说明如何依据探究点投放材料。"纸桥力量大"幼儿可探究的点包括：

1. 桥面纸质材质与承重物体的关系。

2. 桥墩之间的距离与承重物体的关系。

3. 桥面纸折叠的方式与承重物体的关系。

4.桥面的宽窄与承重物体的关系。

5.桥墩横截面的大小与承重物体的关系。

根据以上探究点可投放的材料包括：不同材质及不同大小的纸、测量桥墩距离的工具、可以代替桥墩的低结构材料（薯片桶、圆筒积木、矿泉水瓶、纸杯等）。

三、依据幼儿年龄特点投放幼儿可自主探究并且反复操作的材料

《3～6岁儿童发展指南》中指出，教师应最大限度地支持和满足幼儿通过直接感知、实际操作和亲身体验获取经验的需要。基于此可知，教师设计和制作的玩具材料对于幼儿来说往往缺乏自主探究的空间，缺少了持续深入的探究可能。所以，教师在投放游戏材料时应考虑材料是否能够支持幼儿自主探究及可操作。

例如，教师为小班幼儿用易拉罐和豆子制作的小响筒，幼儿玩了一会儿就不喜欢了。于是教师将小响筒打开，投放了果壳、石子等多种开放性材料让幼儿自己制作小响筒。幼儿们的兴趣很快被激发起来，他们不停地装了倒，倒了又重新装。不仅体会到了游戏的乐趣，也感受到了不同材料所发出的声音不同。

四、依据游戏中的问题和幼儿的游戏需要投放材料

游戏进行一段时间后，幼儿往往会遇到困难或是挑战，这时教师就需要根据游戏中幼儿的需求投放材料。例如，小响筒游戏需要材料比较多，很多果核、石子等都混合在了一起，分类收拾起来非常困难。怎样把这些材料分开？老师对幼儿提出了问题。幼儿们经过思考后，有的想出把大颗粒的先拣出来剩下小的；有的想出将材料放到水里用沉浮的办法分开；还有的幼儿想到用"筛子"把果核分开……于是，教师又为他们提供了水盆、夹子、酸奶盒自制的筛子等，幼儿们的活动更加生动自主。因此，及时关注幼儿游戏中遇到的困难和需求，并适时给予适宜的材料支持对幼儿在科学游戏中自主探究具有十分重要的意义。

第二节　科学区域材料投放方法

　　"双点"是指幼儿认知特点和科学游戏的探究点。"双点式"材料投放方式既符合幼儿的探究兴趣、需要、经验、认知规律，又能帮助幼儿实现探究目标，激发他们持久探究的兴趣，促进他们在科学游戏中进行深入探索。

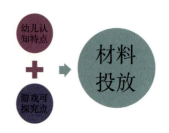

图 3　双点式材料投放

　　不同年龄段的幼儿在观察、猜想、推理、记录、表达等方面呈现出不同的认知发展水平，而科学探究能力又与认知水平相符合。所以只有依据幼儿的认知特点，投放符合他们认知水平的科学游戏材料才会被幼儿所接纳。探究点是指隐藏在探究活动中，支撑探究活动开展的关键性科学知识和经验，是推动探究活动深入进行的突破口。在材料中内化探究点，是推动科学游戏深入开展，促进幼儿深入探究的有效方法。

一、小班

（一）幼儿年龄特点

　　幼儿思维属于直觉行动思维。幼儿活动的目的性、顺序性较差，在科学区域游戏中注意力集中的时间较短，对周围世界的探索主要通过对物体看、听、摸、闻、尝等感知操作的方式进行，属于直觉行动思维。

（二）材料投放注意事项

　　1.游戏材料鲜艳，游戏的情境性和可变化性强。这类材料能够更好地吸引幼儿的注意力。例如，会旋转、滚动的材料。

　　2.能够感知大小、软硬、粗糙、光滑等基本物质特征的材料。

3.适合小班幼儿动手操作，能够促进小肌肉发育的科学游戏材料。例如，可以用来听、摸、装、捏、筛、滚、转等的材料。

二、中班

（一）幼儿年龄特点

通过感知觉和各种操作活动认识周围世界，能够学习简单的探究方法并进行猜想验证，可用多种方式表现、交流、分享探索的发现过程和方法。总体来讲，以具体形象思维为主。

（二）材料投放注意事项

1.投放幼儿能够自主制作的一些科学游戏材料。例如，小电话、陀螺、传声筒、风车、小沙锤等。

2.提供一些幼儿易于感知的滚动、旋转、吸引、沉浮、溶解类常见科学现象的相关材料。例如，轨道游戏、磁力游戏、有趣的旋转等。

3.投放简单的科学实验类游戏材料。例如，"不湿的纸巾""不会掉下来的纸"等。

三、大班

（一）幼儿年龄特点

在大量感知事物的基础上，逐渐能够整理加工已有知识经验，初步理解事物之间的内在联系，发现一些较为明显的规律；能够自己发现问题并自主寻找问题的答案，主动表达自己的发现，会记录；喜欢有一定挑战性的活动，持续进行游戏活动的时间较长；以具体形象思维为主，抽象逻辑思维开始萌芽。

（二）材料投放注意事项

1.结合幼儿的兴趣点围绕某一主题投放专题性材料。例如，"有趣的镜子"活动中教师与幼儿收集了大量能够反射影像的材料，不锈钢锅盖、凹凸不平的各种镜子、锡纸、反光纸等。

2.结合幼儿游戏探究过程中需要投放的材料。例如，在"气球火箭"游戏中，

幼儿认为大气球跑得快，气球下的吸管要光滑并且是粗一些的，那么接下来就要收集这些材料。

3.结合幼儿生活中遇到的问题提供材料。例如，幼儿发现厕所总是有异味，他们要自制除味剂，那么要结合幼儿的计划和他们一起收集相关材料。

4.提供丰富的工具性材料和开放性材料。例如，锤子、螺丝刀、打孔器等。

需要特别说明的是，科学游戏材料是支持幼儿持续探究的关键性因素。教师要不断地观察幼儿游戏状态，准确分析幼儿的认知水平和操作能力，并对游戏材料适时做出调整。通过"双点式"材料投放，极大地激发幼儿的游戏兴趣，改变以往幼儿低水平摆弄游戏材料无发展的局面。

第三章　幼儿园科学区域游戏实践

第一节　好玩的感知类游戏

■ 游戏名称：神秘的箱子

适宜年龄：3 ～ 4 岁。

阶段一：

游戏材料：各种带有盖子的瓶子、薯片桶。

游戏玩法及规则：

教师提供各式各样的瓶子、薯片桶，幼儿通过找、拧、转等方法进行一一对应，提高手指灵活性。

指导重点及建议：

在感知初期，重点感知打开瓶盖的过程，允许幼儿探索、摆弄、出错。

阶段二：

游戏材料：废旧纸箱、瓶盖板、动画图案、纸卷筒。

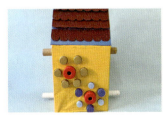

游戏玩法及规则：

教师将幼儿喜爱的动画图案粘贴在纸卷筒上并隐藏在纸箱中，幼儿拧动瓶盖后旋转手柄，可透过瓶盖孔观察盒子里的图案。

指导重点及建议：

此环节增添了游戏情境，能够激发幼儿的游戏兴趣，拧动瓶盖可锻炼幼儿的手部小肌肉，日常可多做练习。

游戏价值：

1.通过观察不同瓶盖，发现瓶盖的不同特征并进行简单分类。

2.发展幼儿手部肌肉。例如，拧、转瓶盖等。

游戏设计：史晓爽

■ 游戏名称：好玩的摸箱

适宜年龄：3～4岁。

游戏材料：

1.摸箱若干个（将大小合适的纸盒子四周用彩色贴纸封好，在上方挖一个刚好可以伸进一只手的洞）。

2.提供一次性纸杯、盘子、羽毛、锡纸盘、硬小球、毛球、刺球、海绵（圆形）、布条、贴画图案的水球（冷、热各一个）、叉子、勺子、圆形插片、长条插片、儿童玩具等材料。

第一阶段：初步探索

游戏玩法及规则：

1.提供几种不同的物品和材料放进摸箱，请幼儿随意摸一摸。与同伴说一说摸到的物品是什么样子的。例如，圆的、软的、硬的、滑的等。

2.教师随机给幼儿展示物品，让幼儿凭触觉在摸箱中寻找相同的物品。

3.让幼儿将两只手分别伸进两个摸箱中，摸出两个相同的东西。

指导重点及建议：

1.教师要尽量为幼儿提供各式各样的材料。

2.鼓励幼儿大胆尝试，将小手伸入摸箱，感受物品。

游戏价值：

1.让幼儿用手感知不同物品的特性（软硬、光滑、粗糙、冷热等）和各种形状，训练幼儿的触觉感知力。

2.能对物品进行观察，并根据物体本身的特点找出相似的物品。

第二阶段：深入探究

游戏玩法及规则：

将所有物品放进摸箱，一名幼儿向同伴展示物品的图片，幼儿根据图片给出的信息在摸箱中寻找与图片相同的物品，并说出摸到的是什么，然后把物品拿出来，检验摸到的是否正确。

指导重点及建议：

引导幼儿初步学习看图片找东西的能力，能够将视觉和触觉结合起来运用。对幼儿要及时地给予鼓励和表扬，激发他们的兴趣。

第三阶段：继续探究

游戏玩法及规则：

将幼儿分为两人一组的若干小组，让幼儿按照另一个小朋友的要求在摸箱中找东西。例如，摸出一个正方体的海绵、摸出一个软的东西、摸出一个长长的东西等。

指导重点及建议：

教师要尽量准备特点鲜明、类型丰富多样的物品，引导幼儿与同伴进行配合和交流，引导幼儿主动积极地参与游戏，体验游戏的快乐。

游戏设计：孙凡

■ 游戏名称：小医生

适宜年龄：3 ~ 4 岁。

阶段一：

游戏材料：棉花、纸球、自制汉堡、布条、镊子、小医生服装和帽子、医药箱、瓶口大的塑料瓶。

游戏玩法及规则：

幼儿使用工具镊子，将娃娃肚子中的"汉堡"取出来。

阶段二：

游戏材料：棉花、纸球、汉堡、布条、镊子、小棍、小医生的服装和帽子、自制医药箱、瓶口大的塑料瓶。

游戏玩法及规则：

教师提供并帮助幼儿选择适宜的工具，将娃娃肚子中的"汉堡"取出来。

阶段三：

游戏材料：棉花、纸球、汉堡、布条、镊子、小棍、小医生服装和帽子、自制医药箱、不同大小瓶口的塑料瓶。

游戏玩法及规则：

幼儿自主选择工具，将娃娃肚子中的"汉堡"取出来。

指导重点及建议：

引导幼儿根据不同大小瓶口自制工具。

游戏价值：

幼儿能够动手、动脑选择适宜的材料，探索将"汉堡"取出来的方法。

游戏设计：李佳佳

■ 游戏名称：海底探秘

适宜年龄：3 ~ 4 岁。

阶段一：

游戏材料：颜色、形状不同的立体小鱼和平面小鱼，白色和彩色仿陶沙，彩色扣子，透明矿泉水瓶。

游戏玩法及规则：

引导幼儿在晃动、摇、转动等动作下寻找小鱼，但是不能拧开瓶盖将材料倒出寻找。

指导重点及建议：

在探索的初阶段，可以任由幼儿摇晃瓶子寻找小鱼。教师引导幼儿观察瓶子中小鱼的颜色和形状，给幼儿探索的机会。

阶段二：

游戏材料：装有各种小鱼的游戏瓶，小鱼图案的卡片。

游戏玩法及规则：

1.将每种瓶子里的小鱼进行拍照，制成卡片贴在瓶子底部。

2.幼儿自己选择一个游戏瓶，先观察瓶子底部的题卡，根据题卡找出对应的小鱼。可以先从数量少的小鱼开始找或是白色仿陶沙瓶开始找。

指导重点及建议：

1.若幼儿使用彩色陶沙较难找到小鱼，可以引导幼儿从装有白色陶沙的瓶子开始寻找小鱼。

2.在找到小鱼后要与题卡相比较，检查是否与题卡中的小鱼一样。

游戏价值：

1.培养幼儿观察、比较的能力。例如，观察不同形状、颜色的小鱼，根据题卡找相同的小鱼。

2.发展幼儿手部肌肉。例如，在寻找小鱼时，不停地晃动瓶子使陶沙快速流动。

游戏设计：高洋

■ 游戏名称：有趣的沙漏

适宜年龄：3～5岁。

阶段一：

游戏材料：不同口径的自制漏斗，沙子。

游戏玩法及规则：

教师将有情景的自制漏斗及材料准备好，请幼儿自由摆弄感知沙漏的特点。

指导重点及建议：

1.引导幼儿感知和比较沙漏口径大小与沙子流速的关系。

2.引导幼儿感知沙子的多少和沙子流速的关系。

阶段二：

游戏材料：带有机关的自制漏斗（先投入同种口径的漏斗，再投入不同口径的漏斗），沙子，山楂籽，桂圆核。

玩法一：为了让幼儿深入游戏，本阶段可投入三种物质请幼儿进行比较。幼儿自主选择同种口径的漏斗，并将不同种物质放入漏斗内，观察哪种材料先流完。

玩法二：幼儿选择不同大小口径的漏斗，往里放入相同材质的物品后进行观察，比较哪种口径的物品先流完。

玩法三：如果幼儿感兴趣的话，还可以引导幼儿两人一组进行比赛，在装好物品后同时拔掉机关。

指导重点及建议：

1.引导幼儿观察、比较不同种物品在漏斗中的流速，并总结流速快慢与物品大小的关系。

2.引导幼儿猜测并验证同种物品的流速与沙漏口径大小的关系。

游戏价值：

1.在游戏中了解沙漏的特性，幼儿在自主摆弄中积累经验。

2.培养幼儿的观察力和感知力。例如，观察感知沙漏口径大小及物品大小与流速的关系。

游戏设计：韩佳慧

■ 游戏名称：好玩的果核

适宜年龄： 3～4 岁。

阶段一：

游戏材料： 漏斗，各种大小不同的果壳与果核，大小不同的勺子，大小不同

的小铲子，自制小筛子。

游戏玩法及规则：

引导幼儿自主借助工具（筛子、勺子、瓶子）进行装筛果核、果壳。

指导重点及建议：

1. 提示幼儿果核、果壳不能放入口、鼻、耳中。

2. 初步感知瓶口与工具大小之间的对应关系。

阶段二：

游戏材料：漏斗，各种形状、材质不同的瓶子，各种大小不同的果壳与果核，大小不同的勺子，大小不同的小铲子，自制小筛子，小刺猬（刺是孔眼）、骆驼（驼峰是孔眼）形状的瓶子，自制卡通形式薯片筒（大小不一的孔眼）。

游戏玩法及规则：

以情景的形式将果壳、果核利用工具进行分类，并将大小不同的果核塞到大小不同的洞里。

指导重点及建议：

以情景形式增加幼儿的兴趣，探究果核的大小与孔眼的大小之间的对应关系（如何快速的分类好，而不是一个一个地用手拣）。

阶段二：

游戏材料： 漏斗，各种形状、材质不同的容器（薯片筒、罐子、瓶子等），各种大小不同的果壳与果核，大小不同的勺子，大小不同的小铲子，自制小筛子。

游戏玩法及规则：

引导幼儿自主将各种果核装进不同的容器中，制作成有声响的乐器，并按照自己的方式进行游戏。

指导重点及建议：

引导幼儿发现果壳装进不同容器中会发出不同的声响。

游戏价值：

1.感受工具的特性，能根据材料的不同选择其最适宜的工具。

2.幼儿在游戏操作中，感知物体大小与所选工具的对应关系。

游戏设计：刘鑫萍

■ 游戏名称：营救羊羊

适宜年龄：3 ~ 4 岁。

阶段一：

游戏材料：各种样式的磁铁，透明瓶子，带有曲别针的小羊、小鱼或其他幼儿喜爱的动物形象贴纸。

游戏玩法及规则：

教师将小羊别上曲别针放入透明瓶子中，同时准备好各种磁铁让幼儿自行选择。幼儿在瓶外用磁铁吸住小羊，并控制磁铁不让小羊掉下去，将小羊救出。

指导重点及建议：

1.尊重幼儿的想法，允许幼儿自主探索；不规定幼儿的玩法，允许幼儿用抓、倒等方式营救小羊，逐渐建立游戏规则。

2. 引导幼儿发现磁铁能够带动"小羊"移动，体会营救小羊的乐趣。

3. 感受磁铁吸铁，隔物吸铁等特性。

阶段二：

游戏材料：各种样式的磁铁，开口不同、瓶身高度不同、瓶中带有障碍的透明瓶子，带有曲别针的小羊或其他动物形象的贴纸。

游戏玩法及规则：

教师将小羊别上曲别针放入透明瓶子中，同时准备好各种磁铁让幼儿自行选择。幼儿选择不同难度的瓶子，在瓶外用磁铁吸住小羊，并控制磁铁不让小羊掉下去，将小羊救出。

指导重点及建议：

1. 此阶段提供了不同难度的瓶子，对幼儿来说难度增大，更加挑战幼儿的手部控制能力，应给幼儿充足的时间进行探索，多鼓励幼儿。

2. 教师在增加游戏难度的同时，还需继续丰富游戏情境。例如，海底世界、送小羊回家等，鼓励幼儿选择适合的磁铁，精准的吸住小羊。

游戏价值：

1.通过玩具，初步感知磁铁吸铁、隔物吸铁等特性。

2.发展幼儿手部肌肉。

游戏设计：史晓爽

■ 游戏名称：喂小动物

适宜年龄：3～4岁。

阶段一：

游戏材料：废旧纸盒、动物卡片、幼儿搜集的"食物"材料。

游戏玩法及规则：

教师将动物卡片粘贴在纸盒上，幼儿自主选择材料作为食物，通过塞、投等方式喂到不同形状、大小的动物口中，感受不同物体的不同特性。

指导重点及建议：

此环节要使幼儿充分感知材料，鼓励幼儿大胆地尝试将不同的材料喂给小动物。

阶段二：

游戏材料：废旧纸盒、动物卡片、幼儿搜集的"食物"材料、喂动物的工具。

游戏玩法及规则：

幼儿有了上一阶段投喂动物的经验后，就可以借助不同的工具喂小动物不同的食物。例如，用小勺子喂、用塑料棍按压、用镊子夹等，感受游戏的乐趣并获得成就感。

指导重点及建议：

通过利用工具锻炼幼儿的小肌肉能力。在小班下学期也可以投放筷子工具，带领幼儿练习使用筷子喂小动物，为上中班做准备。

游戏价值：

1.引导幼儿发现物体的特性。例如，软硬、大小、粗细等。

2.引导幼儿寻找适宜的工具喂小动物，探究不同工具的特点及用处。

游戏设计：史晓爽

■ **游戏名称：小球滚下来**

适宜年龄：3～4岁。

阶段一：送小球回家

游戏材料：各种幼儿搜集的小球、自制轨道。

游戏玩法及规则：

幼儿自选材料放进轨道，观察物体发生滚动这一现象。

指导重点及建议：

尊重幼儿的想法，允许幼儿自主探索，试用各种大小不同、质地不同的小球感知球的滚动。

阶段二：球球闯关

游戏材料：各种幼儿搜集的小球，自制轨道（可调整角度）。

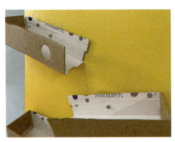

游戏玩法及规则：

幼儿自选材料放进轨道，同时控制轨道的角度接住小球，顺利将小球送到指定位置，观察物体的滚动。

指导重点及建议：

1.因可调整轨道不好控制，所以幼儿初期会因调整不好轨道角度使小球乱跑，教师应给幼儿充足探索时间，鼓励幼儿多观察轨道角度与小球滚动的关系。

2.鼓励幼儿尝试不同质地、大小的球进行游戏。

阶段三：蛋宝宝回家

游戏材料：各种幼儿搜集的小球，自制轨道（有情境）。

游戏玩法及规则：

教师根据幼儿兴趣创设情境，例如，母鸡下蛋、喂小动物、小球进陷阱等情境，通过调整轨道口径的大小，引导幼儿选择大小合适的球，同时控制小球滚动的速度。

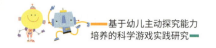
指导重点及建议：

创设情境不但增添了游戏的趣味性，同时也加大了游戏的难度，因此创设情境要根据幼儿的个体差异进行区分，要适合不同能力的幼儿游戏，到游戏后期幼儿可自行组队进行比赛。

游戏价值：

1.在游戏中发现哪些物体容易滚动，初步探究滚动这一现象。

2.在游戏中探究轨道的角度与物体滚动速度的关系。

游戏设计：史晓爽

■ 游戏名称：会变色的毛毛虫

适宜年龄：3～4岁。

阶段一：

游戏材料：彩色墨水、一次性手套、滴管、托盘，以及一些用卫生纸卷的毛毛虫。

游戏玩法及规则：

幼儿将纸巾毛毛虫放在托盘里，用滴管吸取墨水滴在毛毛虫身上，观察毛毛虫的变化。

指导重点及建议：

1.引导幼儿观察毛毛虫吸水后的变化。

2.遵循幼儿游戏意愿，也可以引导幼儿用多种颜色叠加，探索颜色的变化。

游戏价值：

1.探究卫生纸的吸水性。

2.通过操作感知颜色混合在一起后会发生哪些变化。

游戏设计：高洋

■ 游戏名称：火箭上天

适宜年龄：3～4岁。

阶段一：

游戏材料：打气筒、报纸、海绵纸、A4纸、硬卡纸、不织布、瓦楞纸、大小不同的塑料瓶、即时贴等制作的圆锥火箭。

游戏玩法及规则：

幼儿将火箭放在打气筒上或者瓶口，用力按压打气筒或用力挤瓶子，使火箭飞上天空。

指导重点及建议：

幼儿在挤压瓶子的过程中，教师可以关注幼儿的发力方式，引导力气小的幼儿用双手拍瓶子，发力时要快。

阶段二：

游戏材料：彩色纸、扇形纸、画有扇形的纸张、剪刀、胶棒、自制标志物。

游戏玩法及规则：

天花板上悬垂一些标志物，在发射火箭时，让火箭打到标志物。

指导重点及建议：

1.在自制火箭材料时，有不同难度的成品和半成品，供不同能力的幼儿进行制作。

2.在粘贴制作火箭时，可以提供多种粘贴材料，例如，胶棒、双面胶等。

游戏价值：

1.在游戏中初步感知空气中的压力。

2.发展幼儿手部肌肉。例如，拍瓶子的时候需要幼儿的爆发力。

游戏设计：高洋

■ **游戏名称：好玩的纸开花**

适宜年龄：4～5岁。

阶段一：

游戏材料：水、塑料盆、各种不同材质的纸。

游戏玩法及规则：

将准备好的纸折成纸花，轻轻放入盆中，放入后手不能去碰纸花，观察纸花的变化。

指导重点及建议：

1.引导幼儿初步了解纸的吸水性，感知不同材质的纸的吸水性不同。

2.指导幼儿学习折纸花的方法。

阶段二：

游戏材料：水、塑料盆、各种不同材质的纸、画好的纸花、记录单、水彩笔、油画棒等。

游戏玩法及规则：

幼儿用不同材质的纸自制纸花，根据幼儿意愿可制作各种花瓣数量的纸花。

指导重点及建议：

1.引导幼儿探索不同的纸的吸水性。

2.请幼儿自制纸花，观察不同材质纸花在花瓣数量一样的情况下，开的速度是否一样快。

3.为了增加游戏的趣味性，进一步激发幼儿的探索欲望，可在幼儿自制花瓣的花心里面写上成语、谜语、幼儿的学号等，请他们猜猜（适宜大班幼儿）。

游戏价值：

1.幼儿在游戏中感知纸的特征及吸水性。

2.锻炼幼儿动手操作和猜想验证的能力。例如，猜想哪种纸开花的速度较快。

游戏设计：于墨

附表：

纸花开了小实验

材料 （可以放两张不同材质的纸张来实验）		
🤔 猜想		
💡 验证		

■ 游戏名称：颜色捉迷藏

适宜年龄：4～5岁。

阶段一：

游戏材料：各色手电筒图片、彩纸、黑卡纸、画有黑色卡通图案轮廓的透明膜。

游戏玩法及规则：

幼儿将带有黑色卡通图案轮廓的透明膜下插入自选的彩色"手电筒"图片，观察对比图案变化。

（图 1-5）　（图 1-6）

阶段二：

游戏材料：彩色卡纸、白纸、马克笔、彩纸制作成的相框、画有黑色卡通图案轮廓的透明膜。

游戏玩法及规则：

幼儿在透明膜和白纸上自由绘制两张相同图案的画，再给白纸上的图案涂上喜欢的颜色，将两张画的顶端连接，透明画放置在相框内部的白纸前，彩色画放置在相框内部的白纸后，抽拉两张画的顶端，观察透明画由白色到彩色的变化。

阶段三：

游戏材料：故事盒、涂色的卡通画、画有黑色卡通图案轮廓的透明膜。

游戏玩法及规则：

幼儿在透明膜和白纸上自由绘制两张相同图案的画，将两张画的顶端连接，透明画放置在故事盒中间固定的白板前，彩色画放置在白板后，一边抽拉两张画的连接处，一边用语言讲述图画中颜色变化的故事。

游戏价值：

1.引导幼儿在游戏中观察不同颜色"手电筒"下图案的色彩变化，发展幼儿对颜色的感知。

2.引导幼儿自主创编故事内容，培养幼儿对色彩故事的语言表达能力。

游戏设计：李欣

■ **游戏名称：风暴烟囱**

适宜年龄：4 ~ 5岁。

阶段一：

游戏材料：各种打气筒、纸板、羽毛、自制的管道（塑封膜）、扇子、卡通形状的测量纸。

游戏玩法及规则：

幼儿自行选择扇子、打气筒等工具，探索羽毛如何从烟囱飞出来。

指导重点及建议：

鼓励幼儿观察工具的特点，鼓励幼儿在教室里寻找可以产生风的工具。

阶段二：

游戏材料：纸板工具，各种不同的物体（羽毛、气球、卫生纸），自制的管道（塑封膜），卡通形状的测量纸。

游戏玩法及规则：

鼓励幼儿探究气球、彩纸等物体是否能从烟囱飞出来。

指导重点及建议：

1.引导幼儿观察物体轻重的特点。

2.鼓励幼儿自己寻找产生风的材料。

游戏价值：

1.感知产生风的工具的不同，制造的风量大小就会不同。

2.幼儿通过游戏初步了解空气流动产生风的现象。

游戏设计：刘鑫萍

■ 游戏名称：轨道工厂

适宜年龄：4～5岁。

阶段一：

游戏材料：带有孔位的透明柱子、自制薯片筒轨道、塑料轨道、各种材质的小球。

游戏玩法及规则：

幼儿自主选择不同长度的自制薯片轨道和塑料轨道，插在两侧柱子的孔位中，根据孔位的高低差做出不同坡度的轨道，将小球放在轨道起点，使其滑至终点。

指导重点及建议：

尊重幼儿的想法，鼓励幼儿大胆尝试，将轨道插在不同孔位，观察轨道的高低差，引导幼儿初步探知将轨道形成坡度。

阶段二：

游戏材料：各种样式的小球、透明柱子、自制薯片筒轨道、终点旗。

游戏玩法及规则：

根据幼儿兴趣创设游戏情境，例如，在轨道中设置接球机关和地雷情境，将轨道中间设置一座"平桥"，让小球从起点沿斜坡轨道滑至"平桥"上到达终点。

基于幼儿主动探究能力
培养的科学游戏实践研究

指导重点及建议：

1.连接轨道时，引导幼儿关注各个轨道间的高低差，让小球顺利从起点滚动至终点。

2.引导幼儿设立关卡。例如，如躲避地雷，闯关至平桥到达终点。

阶段三：

游戏材料：各种材质的小球、透明柱子、自制薯片筒轨道、透明弯道桥。

游戏玩法及规则：

根据幼儿兴趣创设游戏情境，例如，在轨道中设置一座弯道桥，引导幼儿自由挑战，让小球从斜坡轨道滚动至弯道桥再通过其他关卡，到达终点。

指导重点及建议：

引导幼儿自主调整弯道的弧度，让小球顺利通过弯道。

游戏价值：

1.幼儿在游戏中能够了解坡度与小球滚动距离的关系，在自主操作中积累经验。

2.培养幼儿在轨道游戏中与他人合作的能力。例如，两人一起合作搭建轨道。

游戏设计：李欣

■ 游戏名称：好玩的泡泡

适宜年龄：5～6岁。

阶段一：

游戏材料：泡泡液、吸管、纸杯、扭扭棒、铝丝等（材料不限，幼儿自由选择）。

游戏玩法及规则：

幼儿自由地吹泡泡，然后自主地寻找可以吹泡泡的工具。

指导重点及建议：

1.幼儿自主探究，充分感知泡泡的产生过程。

2.鼓励幼儿大胆猜想和寻找可以吹出泡泡的物品。

阶段二：

游戏材料：白糖、洗涤灵、水、纸杯、勺子、搅拌棒、吸管、电子秤、量杯、计时器、记录表、笔。

游戏玩法及规则：

幼儿猜想泡泡液的成分，尝试寻找材料自主制作泡泡液，并验证自己的想法。（见附表）

指导重点及建议：

1.幼儿尝试使用电子秤、量杯等工具，并掌握正确的使用方法。

2.引导幼儿通过调整配方，吹出自己想要的泡泡。

阶段三：

游戏材料：吸管、双面胶、白胶、热熔胶、各种线、塑料瓶、纱布、设计图纸、笔（材料不限，幼儿自由选择）。

游戏玩法及规则：

幼儿自行设计吹泡泡的工具，自主寻找材料和工具进行制作。

指导重点及建议：

引导幼儿观察所用工具与吹出泡泡的大小、形状之间的关系。

游戏价值：

幼儿了解所用工具与吹出泡泡的大小、形状之间的关系。

游戏设计：邓金蕊

附表：

泡泡液里有什么？

我的猜想	我的调查结果

■ 游戏名称：风车转转转

适宜年龄：4～5岁。

阶段一：

游戏材料：扇叶形状、扇叶数量不同的风车若干，地垫扇，吹风机，扇子等。

游戏玩法及规则：

1.幼儿自由玩风车，在游戏中观察小风车的旋转方向和不同数量风车叶片的风车旋转速度的快慢。

2.风车固定在盒子上，幼儿探究让风车转起来的方法。例如，嘴吹、地垫扇、吸管吹、吹风机、扇子等。

指导重点及建议：

尊重幼儿的想法，允许幼儿最初探索，鼓励幼儿用多种方法使固定的风车转起来。

阶段二：

游戏材料：纸杯、吸管、曲别针、瓶子、筷子、各种样式的风车。

游戏玩法及规则：

为幼儿提供充足的制作风车的材料，幼儿自选材料自制小风车。

指导重点及建议：

自制风车的时候教师要注意提前对幼儿进行安全提示。例如，正确使用剪刀，老师可以提供打好孔的风车杆。

游戏价值：

1.初步感知风力带动风车转动的现象。

2.在自制风车的过程中探究正确制作风车的方法。例如，风车叶片粘贴的方向，粘贴到中心点等。

游戏设计：王雅莉

■ 游戏名称：气球火箭

适宜年龄：5～6岁。

阶段一：

游戏材料：气球、打气筒、吸管、纸绳、多种黏合剂（胶水、固体胶、透明胶带、双面胶、海绵胶等）。

游戏玩法及规则：

首先将一段吸管套在线绳的一端，再将线绳的两端分别固定在椅子后背或腿上，确保线绳水平绷直，能让吸管在线绳上自由移动。然后将气球吹起，一手捏紧气球口，另一个小朋友选择一种黏合剂，将吹大的气球粘在吸管上。松手后，观察气球的运动情况。

指导重点及建议：

1.指导幼儿绳子系扣，并正确使用打气筒。

2.引导幼儿探索不同黏合剂的使用方法。

阶段二：

游戏材料：

塑封的火箭图片，宇宙图片墙饰，火箭发射的照片，不同材质、不同粗细、不同长短的线绳，大小不一、形状不同的气球（圆的、细长的），不同粗细的吸管等。

游戏玩法及规则：

玩法1：幼儿自主选择线绳、气球、吸管和椅子间距离（火箭轨道的长度），根据自己的游戏经验，探索材料不同、火箭发射的操作方式不同（气球先粘贴再打气，还是先充好气再粘贴）对火箭发射距离的影响。

玩法2：教师将不同材质的线绳挂在天花板上，幼儿自主决定线绳（火箭轨道）的角度和长度，可自己探索，也可两人比赛。

指导重点及建议：

引导幼儿初步学习控制变量的科学方法。控制其他变量不变，探究某一变量对火箭发射距离的影响。例如，当气球形状、大小一样，并且同一根线绳高度和长度均一样时，探究线绳（火箭轨道）在水平、竖直、倾斜等不同情况下，火箭发射距离的远近。

游戏价值：

1.能够选择适宜的胶，探索让气球固定在吸管上的办法。

2.能对气球火箭的现象进行观察分析，发现影响气球火箭飞行远近的因素。

游戏设计：贾春芹

附表：

"气球火箭"记录表

记录人：＿＿＿＿＿＿＿＿＿＿＿＿　　　日期：＿＿＿＿＿＿＿＿＿＿＿＿

	"火箭"的飞行距离

■ 游戏名称：悬浮气球风火轮

适宜年龄：5～6岁。

阶段一：初步感知伯努利原理

游戏材料：气球若干、打气筒、吹风机等。

游戏玩法及规则：

打开吹风机的开关，将气球花环（6或8只气球，大小一样，气球口均朝向中心）以不同的角度放置在吹风机口的正上方，猜测其运行情况，观察、记录，并尝试分析这样运行的原因。

游戏一段时间后，幼儿可尝试自己制作气球花环，探索气球数量、粘贴形状与气球花环运动状态的关系。

指导重点及建议：

1.指导幼儿正确使用吹风机。

2.引导幼儿学习系气球的方法。

注意事项：

1.制作吹风机盒时，一定要在纸箱的下方挖一个孔，便于空气流通，并将吹风机的热风开关用胶条封上，防止烫伤幼儿。

2.随时关上开关，不要让吹风机一直开着，防止吹风机过热发生危险。

3.收纳时，将插头和电线通过孔洞放入纸箱内。

阶段二：探索风速对不同球体运动的影响

游戏材料：乒乓球、泡沫球、海洋球、毛线球等球体，自制风筒（塑封膜压膜；透明胶条粘成圆柱状，并标注刻度），吹风机等。

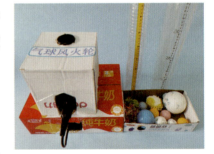

游戏玩法及规则

玩法1：探索乒乓球的运动状态

打开吹风机的开关，将乒乓球置于吹风机口正上方，观察乒乓球的运动状态；还可以尝试慢慢左右移动吹风机箱子，观察乒乓球的运动状态发生了哪些变化。

玩法2：感知不同材质和大小的球体在吹风机的作用下产生的不同运动现象

将大小不一的泡沫球、毛线球等球体放置在吹风机的不同位置（例如，风口处、风口正上方）进行操作（先放球再开开关、先开开关再放球等），感知不同材质和大小的球体在吹风机的作用下产生的不同运动现象。

玩法 3：探索风筒对球运动的影响

把一个风筒放在吹风机上方，打开吹风机后分别将乒乓球和泡沫球放在风筒里，观察两个球的运动状态有哪些不同并记录；或者同时将乒乓球和泡沫球放进风筒里，猜测、观察球的运动状态并记录。

指导重点及建议：

1.指导幼儿找到正确测量、记录的方法。

2.鼓励幼儿大胆尝试，发现风速与不同球体运动的关系，体会伯努利原理。

游戏价值：

通过探索气球花环、乒乓球、泡沫球、毛线球等环状或球状物在吹风机的作用下能悬浮在空中或悬浮并旋转等现象，感知气流对物体运动状态的影响，初步了解伯努利原理。

游戏设计：贾春芹

附表：

"气球风火轮"记录表

记录人：_____　　　　　　　日期：_____

	我选的材料	我的猜想	我的发现
1			
2			

■ 游戏名称：太空高架桥（轨道）

适宜年龄：5 ~ 6 岁。

阶段一：

游戏材料：大小不同、材质不同的小星球（塑料玩具、乒乓球、弹力球、泡沫等），空中塑封膜轨道。

游戏玩法及规则：

允许幼儿初步探索太空高架桥轨道的玩法，鼓励幼儿选择材质不同的小球来体验轨道并发现小球掉落的位置。

指导重点及建议：

支持、鼓励幼儿使用不同材质的小球来体验轨道。引导幼儿发现小球掉落的位置，并让幼儿想办法接住小球。

阶段二：

游戏材料：小球、塑封膜轨道、塑封膜卷筒、裁切好的纸筒轨道、薯片桶、小积木若干。

游戏玩法及规则：

教师支持幼儿选择适宜的小球继续探索空中轨道，在小球掉落的位置搭建新轨道作为延长。

指导重点及建议：

投放塑料膜卷筒、裁好的纸筒轨道、薯片桶等，支持幼儿选取不同材质的轨道连接延长，及时鼓励幼儿解决遇到的轨道坡度及衔接问题。

游戏价值：

1.能够让幼儿动手动脑选择适宜的轨道搭建高架桥，探索能够让小球持续滚动的方法。

2.能让幼儿对太空高架桥进行布局和观察，发现小球滚动时遇到的阻碍，并让他们通过思考解决坡度、衔接等可能会遇到的问题。

游戏设计：杨梦

■ 游戏名称：无孔不入

适宜年龄：5～6岁。

游戏材料：各种材质的绳（跳绳、丝带、蛇皮绳等），杯桶（纸杯、纸筒、薯片桶和九宫格洞洞等），球（乒乓球、弹力球、塑料球等）。

第一阶段：

游戏玩法及规则：

幼儿自主选择绳、筒、球。两人各持绳子两端，一人放球，另一人负责绳子的开合角度，小球快速准确进洞为胜。

指导重点及建议：

引导幼儿探索放球和打开绳子角度的技巧，鼓励幼儿大胆尝试，探究影响小球快速准确进洞的因素。

第二阶段：

游戏玩法及规则：

任意选取麻绳、塑料绳、尼龙绳、线绳、丝带等绳子，两人各持绳子两端，一人放球，另一人负责绳子的开合角度，小球快速准确进洞为胜。探究绳子的材质、软硬、粗细与小球准确进洞的关系。

指导重点及建议：

引导幼儿探究不同材质、粗细、软硬的绳子与小球准确进洞的关系。

第三阶段：

 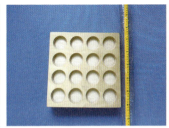

游戏玩法及规则：

此环节创设生动的游戏情境。例如，闯关游戏、计时游戏等。

指导重点及建议：

1.设置闯关游戏。幼儿可以任选一关，也可以依次闯关。

2.教师准备带有刻度的纸板，幼儿自主设计杯筒的摆放形状，调整绳子与杯口的高度，根据自制规则选择小球进洞的顺序，可单组探索，也可两组比赛。

游戏价值：

1. 能通过观察比较，探究小球进洞与绳子的材质、粗细、软硬与洞口距离的关系。例如，杯筒洞口大小不变时，探究不同材质的绳子哪种容易进洞。

2. 探究坡度和小球滚动速度的关系。

游戏设计：张亚平

■ 游戏名称：有趣的计时器

适宜年龄：5～6岁。

阶段一：感知固态流体的流速

游戏材料：塑料瓶、连接器（打好孔的瓶盖，两个瓶盖背靠背固定好）、勺子、漏斗、沙子、计时器等。

游戏玩法及规则：

玩法1：沙漏比赛

取两个沙漏，同时倒置，观察沙漏中的流体从上面瓶子全部流到下面瓶子时哪个先流完。

玩法2：自制沙漏

根据生活中幼儿的需要，制作不同时长的沙漏。例如，制作30秒或1分钟沙漏计时跳绳，3分钟沙漏计时刷牙等。

制作沙漏的方法是在一个塑料瓶中装入一定量的沙子，用连接器（两个带有小孔的瓶盖，背靠背固定粘贴好）将一个空塑料瓶与其连接。

指导重点及建议：

1.指导幼儿正确使用计时器，认识时间。

2.在制作沙漏的过程中，提醒幼儿安全使用工具。例如，使用剪刀、锤子或钉子在瓶盖上打孔等时要注意安全。

3.除了用沙子，还可以用过期的小米、绿豆、黄豆等制作沙漏，鼓励幼儿寻找生活中的其他废旧材料替代塑料瓶。例如，一次性杯子、果冻壳等。

阶段二： 探索液体的流速

游戏材料：塑料瓶、连接器（两个带吸管孔的瓶盖，两个瓶盖背靠背固定好，吸管和孔隙密封好）、勺子、漏斗、水、计时器、做好的四个水沙漏（①②和③④两吸管的长短一样，粗细不同；①④和②③的吸管粗细一样，长短不同）等。

游戏玩法及规则：

玩法1：比较两个水钟的快慢

取两个水钟，观察比较两个水钟里的水量、吸管的粗细或长短是否一样，猜想哪个流的快，再进行操作验证。将两个水钟同时倒置，观察哪个水钟里的水先流完，并做记录。

玩法2：测量水钟的时间

用一个计时器测量水钟的时间，先设置计时器为计时模式，在摁下计时器开始键的同时把瓶子倒过来，当水全部流下来时摁下计时器的停止键。观察、记录水全部流下来的时间，并做记录。

游戏价值：

1.通过对比几种自制计时器的流速，感知计时器的快慢与流体的量的多少、孔隙大小、吸管长短以及吸管粗细之间的关系。

2.在测量计时器的时间活动中，有助于幼儿理解时间概念，增强珍惜时间的观念。

指导重点及建议：

1.指导幼儿学习用控制变量的方法，分析影响水钟快慢的因素。

2.了解古代的一些计时方法，例如，滴壶等。

游戏设计：贾春芹

附表：

测量水钟时间记录表

记录人：_____ 　　　　　 时间：_____

我的探索 / 水钟	我会观察：吸管的粗细、长短	我的猜想：哪个水钟快？	我的验证：
我的发现			

探索水钟的秘密记录表

记录人：_____　　　　　　　　时间：_____

测量时间				
我的发现				

第二节　好玩的探究类游戏

一、声音类游戏

■ 游戏名称：好听的声音

适宜年龄：3 ~ 4 岁。

阶段一：

游戏材料：蚕豆、芸豆、波罗蜜核、山楂核、开心果壳、龙眼核等大的豆子和果核、各种材质的容器。

游戏玩法及规则：

幼儿自主往容器里装豆子，感知其发出的声音。

指导重点及建议：

1. 教师给予安全提示，不要把豆类物品放进嘴和鼻孔里等。

2. 教师依照幼儿操作可进行不同的探究。

（1）给幼儿提供相同的容器，不同的豆子，装完后幼儿摇动瓶子听声音是否相同。

（2）给幼儿提供不同的容器，相同的豆子，装完后幼儿摇动瓶子听声音是否相同。

（3）引导幼儿观察相同的容器，相同的豆子，容器里的物品数量不同，装完后幼儿摇动瓶子听声音是否相同。

游戏价值：

初步感知声音的特性，在自主操作中发现不同材料所产生的声音不同。

游戏设计：王雅莉

■ 游戏名称：奇妙的传声筒

适宜年龄：4～5岁。

阶段一：玩一玩，听一听

游戏材料：

投放几组成品传声筒，长短不一的连接毛线。

游戏玩法及规则：

教师将事先做好的传声筒投放到区域中，幼儿在与同伴玩的过程中，感受声音能够通过固体（毛线）传播。

指导重点及建议：

尊重幼儿的想法，允许幼儿最初自由探索，感知声音的特性，发现声音可以通过毛线这一固体进行传播。

阶段二：我来制作传声筒

游戏材料：纸杯、毛线、纸绳、布绳、铜丝、记录表。

游戏玩法及规则：

幼儿自主选择材料进行制作，连接的线可以根据意愿自行更换，探究不同线与声音传播的关系。

指导重点及建议：

1.教师给纸杯提前穿好洞，指导幼儿学会将绳子在杯中固定，鼓励幼儿尝试制作。

2.引导幼儿做好传声筒后与同伴玩一玩，体验如何让声音听得更清楚。

3.引导幼儿尝试用不同的线进行制作，感受不同的线传播的声音大小不同。

4.鼓励幼儿将自己的猜想与验证记录在记录表上。

阶段三：好玩的传声筒

游戏材料：纸杯、纸筒、塑料杯、毛线、布绳、铜丝等。

游戏玩法及规则：

鼓励幼儿尝试用喜欢的材料制作，根据幼儿意愿进行游戏。例如，探究从教室一端到另一端声音的传播；增加打电话的情境等。

指导重点及建议：

尊重幼儿，不限制玩法，鼓励幼儿在游戏后将新发现与同伴说一说。

游戏价值：

1.幼儿在自主操作中，感知声音通过固体传播的特性。

2.幼儿尝试运用多种材料进行猜想并验证，感受声音传播的介质与声音大小的关系。

游戏设计：杜微

附表：

奇妙的传声筒

记录人：_____　　　　日期：_____

	所用材料：		我的发现：

■ 游戏名称：好玩的排箫

适宜年龄：4～5岁。

阶段一：

游戏材料：吸管、胶条、尺子。

游戏玩法及规则：

提供多种材质的管子，幼儿自主探究每根吸管发出的声音是否相同。

指导重点及建议：

1.引导幼儿感知不同长短的排箫发出的声音不同。

2.制作排箫中，根据幼儿出现的问题开展探究活动。例如，探究如何将排箫对齐，如何将排箫粘牢固等。

阶段二：

游戏材料：纸质吸管、粗细不同的吸管、木质吸管、PVC 管、绳子等。

游戏玩法及规则：

尝试制作不同材料组成的排箫，发现声音的变化。

指导重点及建议：

1. 引导幼儿发现声音音高和排箫管道长短的关系。

2. 引导幼儿发现不同材质的排箫音色不同。

游戏价值：

1. 在游戏中探究声音的产生以及声音高低的影响因素。

2. 发展幼儿探究能力。例如，观察、比较吸管的长短与声音的关系。

游戏设计：姜天阳

■ 游戏名称：自制响板

适宜年龄：4～5岁。

阶段一：

游戏材料：各种响板。

游戏玩法及规则：

教师根据幼儿兴趣开展音乐活动，提供各种响板。带领幼儿玩一玩，通过尝

试激发幼儿制作响板的兴趣。

指导重点及建议：

此阶段为感知阶段，在活动中要给幼儿充分的感知机会，为之后的制作做好铺垫。

阶段二：

游戏材料：纸板、纽扣、瓶盖、双面胶等。

游戏玩法及规则：

教师提供相同的纸板，幼儿自选想要尝试的材料。例如，选取纽扣、瓶盖、果壳等进行粘贴，合上纸板后物品碰撞发出的声音不同，感受不同材料制作的响板声音不同。

指导重点及建议：

1.在收集环节引导幼儿尝试选取不同的材料，不限制幼儿的选择。

2.在制作过程中有些材料粘不牢固，引导幼儿多尝试，并总结出哪些材料适合做响板。

拓展延伸：可将幼儿制作出的响板按照音色进行分类，并投放到表演区进行演奏。

游戏价值：

1.引导幼儿发现不同物体碰撞发出的声音不同。

2.初步探究声音的特性。例如，按压响板力气与声音大小的关系。

游戏设计：史晓爽

■游戏名称：自制吉他

适宜年龄：4~6岁。

阶段一：初步探索

游戏材料：各种各样的纸盒、粗细不同的皮筋、剪刀、彩笔、硬卡纸。

游戏玩法及规则：

幼儿观察、玩耍吉他实物，利用纸盒、皮筋等自制简易吉他。

指导重点及建议：

引导幼儿发现并探究自制吉他不发音的原因。例如，琴弦松弛，吉他没声音，引导幼儿观察触摸真吉他，在观察和对比中想办法解决问题。

阶段二：深入探究

游戏材料：纸盒、皮筋、彩笔。

游戏玩法及规则：

根据幼儿兴趣，自制吉他。例如，尝试制作声音较大的吉他。

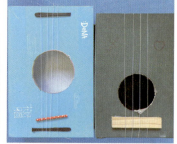

指导重点及建议：

1.鼓励幼儿大胆猜想并验证。例如，如何制作出声音较大的吉他。

2.探究洞口大小、琴弦材质、琴弦松紧等对声音的影响。

游戏价值：

1.在游戏中初步感知声音是由振动产生的，声音的强弱跟震动幅度有关，振动幅度越大声音越大。

2.能自主发现问题并解决问题。例如，吉他没声音。

3. 在操作中探究洞口大小、琴弦材质、琴弦松紧等对声音的影响。

游戏设计：李珺

■ 游戏名称：看得见的声音

适宜年龄：5～6岁。

游戏材料：彩色沙子三瓶（紫色、黄色、蓝色）、透明的塑料箱、剪好的吹气管若干、小音响、羽毛、石头、纸片、软管、一次性纸杯。

第一阶段：初步探索

游戏玩法及规则：

1. 教师提问，幼儿猜想声音是否看得见，让幼儿自由的阐述自己的观点。

2. 教师介绍材料，并引导幼儿触摸操作材料。

3. 两人一组让幼儿进行自主探究。幼儿通过亲身操作体验声音的力量，观察、比较、分析细沙的跳动（有声音和没有声音、声音大和声音小）。

4. 引导幼儿通过剪好的吹气管说话，通过沙子的跳跃情况感受人声和音乐声的不同。教师鼓励幼儿将实验结果填写在记录表上。

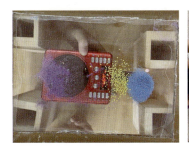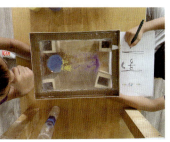

指导重点及建议：

1.鼓励幼儿勇敢尝试和试验。

2.引导幼儿思考和探索声音能否通过视觉看到。

3.指导幼儿正确使用音响。

4.鼓励幼儿大胆尝试，通过观察发现有声音和无声音时沙子的状态，以及人说话声和音乐声的不同。

游戏价值：

1.能够动手动脑感受不同声音、不同声音大小所展现的不同表象，培养幼儿的观察能力和动手能力。

2.能够调动幼儿积极参与游戏，培养其科学精神和探索精神。

第二阶段：深入探究

游戏玩法及规则：

将材料（羽毛、小石子、小纸团）放在平面上，使用和上一阶段一样的游戏方法，让幼儿观察不同的材料、不同的声音所反映出来的实验结果。教师引导幼儿将实验结果记录在记录表上。

指导重点及建议：

让幼儿运用多种方法和常见材料来"制造"声音，引导幼儿初步学习控制变量的科学方法，控制其他变量不变，探究某一变量对声音产生的振动的影响。

第三阶段：继续探究

游戏玩法及规则：

教师为幼儿播放呐喊喷泉、声音沙画的相关视频。

教师准备一次性纸杯、曲别针、胶条等。通过思考制作"看得见的声音"，让幼儿主动感知发现变化，鼓励幼儿思考为什么声音会使物品跳动起来？

生活中还有很多"看得见的声音"，让我们一起去观察，一起去发现吧！

游戏价值：

通过探索声音让幼儿体验自主探究的快乐，体验科学游戏的趣味感。

游戏设计：孙凡

附表：

"看得见的声音"游戏记录表1

声音 📢	我的猜想	我的发现

"看得见的声音"游戏记录表2

声音 📢	我的猜想	我的发现

二、光影类游戏

■ 游戏名称：多彩的影子

适宜年龄：3～5岁。

阶段一：

游戏材料：手电筒、不同形状的彩色透明卡片、各种颜色的透明卡片、彩色水瓶。

游戏玩法及规则：

幼儿自主选择材料，并用手电筒照射进行光影游戏。

阶段二：

游戏材料：手电筒、各种颜色的透明卡片、胶条、胶棒、双面胶、剪刀、模板。

游戏玩法及规则：

幼儿自主选择模板和彩色卡片，将彩色卡片粘贴在模板的透明处，然后用手电筒照射进行光影游戏。

阶段三：

游戏材料： 手电筒、制作完成的模板。

游戏玩法及规则：

根据幼儿兴趣创设情景。例如，"马路上的小汽车"，在一辆小汽车不动的情况下，幼儿利用手电筒使小汽车开动起来或变出多辆小汽车、多座小城堡。

指导重点及建议：

1.幼儿在照射物体时影子会移动，引导幼儿观察并探究这一现象。

2.引导幼儿探究如何变出多个影子。

游戏价值：

1.感受颜色叠加后影子所产生的变化。

2.感知光与影的关系。例如，影子数量与光源数量的关系，光源角度与影子的关系等。

游戏设计：史翼飞　刘越

■游戏名称：影子猜猜

适宜年龄：4～5岁。

阶段一：

游戏材料：手电筒、各种动物外形的卡片。

游戏玩法及规则：

1.允许幼儿自由探究操作材料，初步感知光与影的特性。

2.幼儿用手电筒照射动物卡片，其他幼儿通过观察影子猜小动物。

阶段二：

游戏材料：手电筒、各种动物外形的卡片、大树模型。

游戏玩法及规则：

创设游戏情景"谁藏在大树后面"，幼儿用大树遮挡一部分动物的身体并用手电筒照射，其他幼儿通过观察影子猜是谁藏在大树后面。

阶段三：

游戏材料：手电筒、各种动物外形的卡片。

游戏玩法及规则：

幼儿将两种或多种动物卡片叠加在一起并用手电筒照射，其他幼儿通过观察影子猜一猜都有哪些小动物。

指导重点及建议：

1.在游戏中,引导幼儿观察影子大小,探究影子大小和光源角度、远近的关系。

2.当猜影子的小朋友猜不出来时,出题的小朋友可以给他一些提示。

游戏价值：

感知光与影的关系。例如,在游戏中探究影子大小和光源角度、远近的关系。

游戏设计： 刘越

■ 游戏名称：影子故事讲述

适宜年龄：4～6岁。

阶段一：

游戏材料：手电筒、故事情景卡片。

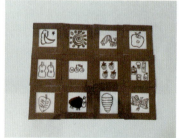

游戏玩法及规则：

幼儿用手电筒照射故事卡片,并根据影子讲述故事。

阶段二：

游戏材料：手电筒、空白的故事卡片。

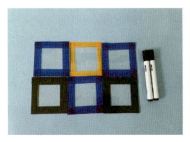 

游戏玩法及规则：

幼儿在空白的故事卡片上进行绘画后用手电筒照射，并根据影子讲述故事。

指导重点及建议：

1.指导幼儿先把故事卡片进行排序。

2.在讲述故事时，注意手电筒照射故事卡片的位置要适中。

游戏价值：

感知光与影的关系，并发展幼儿的讲述能力。

游戏设计：史翼飞

■ 游戏名称：奇妙的转身

适宜年龄：4～5岁。

阶段一：

游戏材料：不同大小、形状的装有水的玻璃瓶，四面不同情境的正方形纸箱，

粘扣，动物卡片若干。

游戏玩法及规则：

将动物卡片粘贴在正方形纸箱上，玻璃瓶放在卡片前，水平移动玻璃瓶，透过玻璃瓶观察卡片中动物的方向变化。

指导重点及建议：

1.幼儿通过调整玻璃瓶的位置，能观察到动物卡片清楚地在玻璃瓶上成像。

2.幼儿对动物方向的变化能用清晰的语言进行描述。

阶段二：

游戏材料：不同大小、形状的装有水的玻璃瓶，四面不同情境的正方形纸箱，粘扣，动物卡片若干。

游戏玩法及规则：

调整玻璃瓶与卡片的距离，观察动物的形体变化。

指导重点及建议：

幼儿能根据调整玻璃瓶与卡片的距离，观察到物体的变化并能用清晰的语言进行描述。

阶段三：

游戏材料：不同大小、形状的装有清水的玻璃瓶和有颜色水的玻璃瓶，四面不同情境的正方形纸箱，粘扣，动物卡片若干。

游戏玩法及规则：

将装有清水和有颜色水的玻璃瓶分别放在动物卡片前，透过玻璃瓶观察动物的变化，还可以到图书区创编故事进行讲述。

指导重点及建议：

幼儿在操作中，能比较出透过装有清水和有颜色水物体的变化。

游戏价值：

幼儿在操作、探索中感受水对光的折射带来的方向、形状、颜色等变化的影响。

游戏设计：李佳佳

■ 游戏名称：好玩的镜子

适宜年龄：5～6岁。

阶段一：

游戏材料：镜子。

游戏玩法及规则:

幼儿讨论镜子的玩法,允许幼儿自由探索,感知镜子的特性。

指导重点及建议:

1.教师注意在镜子使用前对幼儿进行安全教育。

2.通过改变平面镜角度,引导幼儿观察镜子里物体的数量,探究镜子夹角和镜像数量的关系。

3.初步感知镜子成像现象。

阶段二:

游戏材料:镜子、题卡片、魔方。

游戏玩法及规则:

幼儿根据兴趣自定玩法。例如,幼儿根据题卡片给出的图案,按图案摆放魔方,利用魔方在镜子中摆放出题卡所对应的位置。

指导重点及建议：

1.初步感受镜子的成像左右相反，能正确判断魔方与镜面图形是否对称。

2.提供卡片的难度由简到难，鼓励幼儿细致观察。

阶段三：

游戏材料：凹凸镜、魔方、立体小动物。

游戏玩法及规则：

引导幼儿自主探索凹凸镜，发现凹凸镜与平面镜的不同。

指导重点及建议：

引导幼儿观察凹凸镜与平面镜成像的不同。

游戏价值：

在自主操作探索中，了解平面镜角度变化和成像数量之间的关系，感受凹凸镜等镜子成像的有趣与神奇，感受镜子对我们生活的帮助。

游戏设计：王晗予

■ 游戏名称：神奇的万花筒

阶段一：

适宜年龄：3 ～ 4 岁。

游戏材料：各式各样的万花筒成品。

游戏玩法及规则：

转动万花筒，观察万花筒中的花纹和图案的变化。

指导重点及建议：

放置多种万花筒，引导幼儿观察万花筒中花纹和图案的变化。

拓展延伸：幼儿可将万花筒拆卸后，放入不同的填充物。

阶段二：

适宜年龄：4 ～ 5 岁。

游戏材料：自制万花筒半成品、可拆卸的万花筒、三棱镜、镜片、填充物（碎纸屑、小毛球、彩色纽扣、彩色宝石等）。

游戏玩法及规则：

幼儿了解了万花筒的原理后，观察万花筒的基本构造，尝试制作万花筒。

指导重点及建议：

1. 教师要尊重幼儿的想法，同时鼓励幼儿选择适宜的胶粘贴安装三棱镜。

2. 根据幼儿个体差异，幼儿可尝试将万花筒半成品制作完成。

3. 根据幼儿需要，填充万花筒，观察其内部花纹和图案的变化。

阶段三：

适宜年龄：5～6岁。

游戏材料：镜片、填充物（碎纸屑、小毛球、彩色纽扣、水彩笔盖、宝石等）、透明塑料薄膜、硬纸板、kt 板、实验观察记录表。

游戏玩法及规则：

幼儿尝试制作不同形状的万花筒。

指导重点及建议：

鼓励幼儿改变万花筒的形状，使其变成正方形、五边形、六边形，将镜片粘贴在每个图形内侧面，观察万花筒的花纹及图案变化，并记录。

游戏价值：

乐于发现万花筒中图案及花纹的变化规律，了解万花筒的基本构造和原理，感知镜子的相互反射是让花纹图案变多的原因。

游戏设计：杨梦

附表：

我来制作万花筒

材料	花纹	姓名

■ 游戏名称：借镜观形

适宜年龄：5～6岁。

阶段一：

游戏材料：各种各样的镜子（平面镜、凹凸透镜、凹凸面镜、三棱镜）。

游戏玩法及规则：

幼儿利用各类镜子初步探索，通过观察镜子的外形或镜面的不同，感受镜子成像的不同。

指导重点及建议：

在游戏初期，让幼儿充分地去感知、体验，鼓励幼儿大胆表达自己的发现，不限制幼儿的探索方向和玩法，注意每一次游戏前都需对幼儿进行使用镜子的安全提示。

阶段二：

游戏材料：平面双面镜、组合镜子、蛋糕玩具、奥特曼及公主玩具、记录表1。

神奇的镜子		
记录人	我的设计	我的发现

游戏玩法及规则：

幼儿自主选择各类镜子进行观察，思考镜子中物体成像数量与镜子夹角之间的关系，以及不同样式镜子的组合物体成像的变化等。

指导重点及建议：

1.引导幼儿操作镜子时尝试多种镜子进行组合，并将自己的发现进行记录。

2.教师投放各种样式的平面镜开展"奥特曼、公主"比赛活动，幼儿根据自己的想法选择不同的镜子进行组合，通过观察发现物体成像不同。教师根据幼儿需求可投入记录表。

阶段三：

游戏材料：多面镜、凹凸面镜、桌面题卡、奥特曼或公主玩具、记录表2。

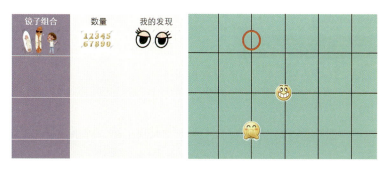

游戏玩法及规则：

先在桌面放置便于幼儿记录的大型题卡，随后幼儿多人展开合作游戏，将奥特曼或公主玩具放置在某一地方，镜子摆放不同位置或调整镜子使玩具成像在镜子中，幼儿可将自己的摆放方式进行记录。

指导重点及建议：

教师前期可以引导幼儿使用多块镜子，通过调整镜子角度，使玩具在镜子中成像；后期可以加大难度，限制镜子的数量。

游戏价值：

1.在游戏中了解镜子成像的原理，感受物体成像数量与镜子夹角间的关系。

2.初步感知不同种类镜子会有不同的成像。

3.镜子在生活中的运用。例如，利用两面镜子看到自己后面的头发，利用凸

面镜发现弯道对面的车辆等。

游戏设计：栗悦萌

三、电的游戏

■ 游戏名称：神奇的静电

适宜年龄：5～6岁。

阶段一：初步探索

游戏材料：塑料管子、塑料梳子、皮毛、木制小棒、碎纸屑、气球、塑料条。

游戏玩法及规则：

1.教师创设游戏情境，幼儿尝试在手和工具不主动触碰小纸屑的前提下帮助小纸屑从托盘搬家到塑料杯内。

2.教师创设游戏情境，幼儿尝试将气球放在墙上。

指导重点及建议：

引导幼儿初步感知静电现象，观察不同材料所产生的静电。

阶段二：深入探究

游戏材料：为了增加游戏的趣味性，进一步激发幼儿的探索欲望，教师可以提供如下支持。

1.创设生动的游戏情境。例如，塑料丝章鱼，塑料丝蜘蛛。

2.提供种类多样、丰富的材料。例如，不同材质的管子，大小不一、形状不同的气球。

游戏玩法及规则：

教师根据幼儿兴趣，引导幼儿利用静电原理自选材料进行游戏表演。例如，静电章鱼、静电拖把、漂浮羽毛等。

指导重点及建议：

1.引导幼儿探究如何让物品产生静电。例如，手保持干燥、摩擦时间的长短、戴绝缘手套等。

2.鼓励幼儿探究可产生静电的材料。

游戏价值：

1.初步感知静电的现象。

2.探究可产生静电的材料以及探究如何让物品产生静电。

游戏设计：郭胜男

■ 游戏名称：装"路灯"

适宜年龄：5~6岁。

阶段一：

游戏材料：纸筒、仿真花、双面胶、电路玩具。

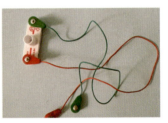

游戏玩法及规则：

准备好两根电路连接线，一个电池盒和一个
小灯泡，引导幼儿尝试让小灯泡亮起来，帮助幼
儿梳理正负极电池盒的组装和小灯泡连接的方法。

指导重点及建议：

1.大胆猜想让灯泡亮起来的方法，并进行实
际操作。

2.感知电池盒与灯泡、连接线的正负极关系。

阶段二：

游戏材料：双面胶、灯泡电路条、电池盒。

游戏玩法及规则：

 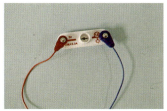

首先制作好一个路灯模型，完成后开始安装路灯的灯泡，将灯泡用双面胶粘贴在路灯顶端，再准备两根电线分别连接在灯泡的正负极位置。

指导重点及建议：

可用双面胶将灯泡粘贴在路灯顶端，再将两根电线分别连接在灯泡的正负极位置。鼓励幼儿寻找身边的材料制作多种多样的路灯模型，并引导幼儿尝试将灯泡装在合适位置。

游戏价值：

1.能够根据自己的需求选择适宜的制作材料。

2.通过实际操作感知电路串联和并联的连接方法。

游戏设计：张丽

四、力的游戏

■ 游戏名称：会沉浮的水母

适宜年龄：3～4岁。

阶段一：

游戏材料：透明矿泉水瓶、沉浮小水母、玻璃小药瓶、一次性手套、吸管、曲别针。

游戏玩法及规则：

用力挤压瓶子使其中的小水母下沉，当松手时小水母会从瓶子底部浮起来，由此观察小水母的变化。

指导重点及建议：

幼儿在挤压瓶子过程中，教师可以引导幼儿关注挤压瓶子的方式及部位，引导力气较小的幼儿用双手挤压或找其他小朋友一起挤压，挤压之后引导幼儿观察瓶中小水母的变化。

游戏价值：

1.在游戏中感知压力改变对水母沉浮的作用。

2.发展幼儿手部肌肉。例如，在用手挤压水瓶时，锻炼幼儿手部力量。

游戏设计：高洋

■ 游戏名称：翻滚的胶囊

适宜年龄：3～4岁。

阶段一：

游戏材料：用桌子、积木块、奶粉桶、小盒子、不同材料制作的可翻滚的胶囊等。

游戏玩法及规则：

教师将桌子垫成不同高度的斜面，一名幼儿从斜面顶部放翻滚胶囊，另一名幼儿拿小盒在斜面底部接住翻滚下来的胶囊，观察胶囊翻滚的情况。

指导重点及建议：

尊重幼儿的玩法，允许幼儿自主探索，鼓励幼儿用不同胶囊在不同斜面进行尝试，观察不同高度的斜面对胶囊翻滚情况的影响，观察同一胶囊在不同斜面的翻滚情况。

阶段二：

游戏材料：桌子、积木块、奶粉桶、小盒子、空胶囊壳、小球、橡皮泥、毛球、不织布、布、毛巾、地垫、用不同材料制作的可翻滚的胶囊等。

游戏玩法及规则：

幼儿自主选择材料装进胶囊壳，探索哪种材料制作的胶囊更容易翻滚；幼儿自主选择不同材料当斜面，探索胶囊在哪种斜面上更容易翻滚。

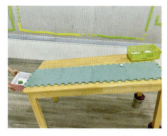

指导重点及建议：

1.鼓励幼儿尝试将不同的材料装进胶囊壳里，探究能让胶囊翻滚的方法。

2.鼓励幼儿在不同斜面进行尝试。

游戏价值：

1.初步感知重心的转移导致胶囊翻滚的现象。

2.了解斜面的粗糙程度会影响胶囊的翻滚情况。

游戏设计：王冬冉

■ 游戏名称：有趣的弹性

适宜年龄：4～5岁。

游戏材料：各式各样的绳子、各式各样的物体、棋盘、棋子。

游戏玩法及规则：

足球大赛：每个人5个棋子，分为白队和黑队，相互弹射，5枚都射到对放场地算赢。

弹力罗盘：把有颜色的棋子弹射到其相对应的颜色区域。

强攻金字塔：利用棋子去弹射摆好的"金字塔"，把"金字塔"弹倒塌就算成功。

指导重点及建议：

1.引导幼儿感知各种绳子的特性。提供的材料都是孩子们平时见过的或孩子收集来的，引导幼儿充分感知有弹性的绳子，从而获得有关弹性的经验。

2.根据幼儿兴趣可以创设更多的游戏情境和玩法。

游戏价值：

在游戏中感知不同材质绳子的特征，感知弹力的存在。

游戏设计：郭胜男

■ 游戏名称：好玩的陀螺

适宜年龄：4 ~ 5 岁。

阶段一：

游戏材料：各种陀螺、不同材质的旋转场地。

 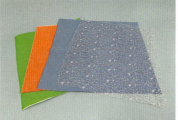

游戏玩法及规则：

选择自己喜欢的陀螺，让它转起来。

指导重点及建议：

引导幼儿探索让陀螺旋转的方法。

阶段二：

游戏材料：陀螺、彩笔、白纸、不同材质的陀螺旋转场地。

游戏玩法及规则：

让陀螺在不同材质的场地旋转，记录旋转轨迹。感知陀螺在不同材质的场地旋转起来的变化。

指导重点及建议：

观察陀螺旋转起来的变化，根据游戏需要投放记录纸。

游戏价值：

1. 初步感知陀螺旋转的条件和原理。

2. 发展幼儿手部肌肉。

游戏设计：刘春霞

■ 游戏名称：我会做陀螺

适宜年龄： 5 ~ 6 岁。

阶段一：

游戏材料： 陀螺、旋转场地（迷宫）、垫板。

 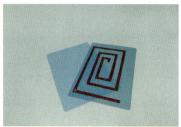

游戏玩法及规则：

让陀螺在垫板上旋转起来，拿起垫板，倾斜垫板后使陀螺走迷宫。

指导重点及建议：

　　幼儿在玩陀螺迷宫和陀螺接力时，引导幼儿观察垫板倾斜的坡度与陀螺位置的关系，想办法不让陀螺掉下来。

阶段二：

　　游戏材料：纸盘，不同形状的纸板，不同长度、粗细的木棍，双面胶，有刻度的木棍，彩笔。

游戏玩法及规则：

　　幼儿自选材料，自制陀螺。

指导重点及建议：

1.引导幼儿观察哪种材料更适宜制作陀螺。

2.在操作中引导幼儿猜想并验证哪种形状的陀螺更稳定。

3.引导幼儿探究陀螺面在中心轴的位置与陀螺稳定性的关系。

游戏价值：

1.观察陀螺旋转现象，探索陀螺稳定旋转的方法。

2.探究陀螺面在中心轴的位置与陀螺稳定性的关系。

游戏设计：郭娜

■ 游戏名称：植物大战僵尸

适宜年龄：4～5岁。

游戏材料：自制小球轨道、不同材质的轨道坡面，不同形状的滚动材料（圆球、瓶子、纸杯、薯片桶等）。

阶段一：初步探索

游戏玩法及规则：

根据自己的兴趣调整轨道坡度，选择同种材质的坡面，把不同形状的滚动材料放入轨道进行比较，说出自己的发现。

指导重点及建议：

1. 指导幼儿调整坡度。

2. 指导幼儿将不同形状的滚动材料放入轨道，观察其滚动的距离远近以及滚动的方向、滚动的速度等。

3. 鼓励幼儿大胆说出自己的发现。

阶段二：深入探究

游戏玩法及规则：

玩法一：幼儿两人一组，选择相同形状的小球在不同材质的坡面上进行比赛，观察哪种材质的坡面小球滚动的距离更远。

玩法二：幼儿两人一组，选择相同形状的小球在相同材质的坡面，通过自由调整轨道坡面的角度进行比赛，观察哪种角度坡面的小球滚动的距离更远。

指导重点及建议：

1. 引导幼儿观察小球滚动距离与坡面材质的关系。

2.引导幼儿观察小球滚动距离与坡面角度的关系。

游戏价值：

感知小球滚动探索距离与坡面材质和角度的关系。

阶段三：继续探索

游戏材料：可调整坡度的轨道、自制坡面、不同形状的小球。

游戏玩法及规则：

为了让幼儿深入游戏，本阶段准备多种材料请幼儿进行比较。教师创设情境，请小朋友想办法通过自主选择材料调整轨道坡度来把小球滚到小洞里，并说出自己的发现。

指导重点及建议：

1.引导幼儿自主选择适合的材料进行试验。

2.引导幼儿两人一组进行比赛，并说出自己的比赛结果。

游戏价值：

1.在游戏中了解小球滚动距离远近与轨道材质和轨道坡度大小之间的关系，让幼儿在自主摆弄中积累经验。

2.培养幼儿的猜想验证能力。例如，猜想哪种材质及坡度的小球滚的最远。

游戏设计：韩佳慧

■ **游戏名称：神奇的水上莲花**

适宜年龄：4～6岁。

阶段一：初步探索

游戏材料：乒乓球、垫板、量杯、滴管、水。

游戏玩法及规则：

幼儿控制垫板倾斜的方向使莲花进行旋转。

指导重点及建议：

1. 根据幼儿兴趣开展探究活动。例如，幼儿探究莲花不掉的方法，探索莲花怎样转的更快等。

阶段二：深入探究

游戏材料：吸管、酸奶杯、拼插玩具、彩色胶带、垫板、量杯、水。

游戏玩法及规则：

幼儿自行制作游戏情景（数字隧道、迷宫、莲花接力赛）进行挑战，引导幼儿自己制定莲花游戏及计分规则。

指导重点及建议：

根据幼儿的兴趣提出挑战性的问题。

阶段三：自主探索

游戏材料：鸡蛋壳、橘子皮、开心果壳、kt板、油、洗洁精。

游戏玩法及规则：

幼儿自行制作游戏情景进行替换物品的挑战，引导幼儿自己制定莲花游戏及计分的规则。

指导重点及建议：

1.鼓励幼儿自主寻找可旋转的替换材料并大胆尝试。

2.引发幼儿思考。例如，除了水还有什么可以使莲花转起来？

3.引导幼儿探究可旋转的材料。

游戏价值：

1.通过游戏，观察物品旋转的现象。

2.在游戏中，探索发现莲花转的快慢与垫板上的水量和垫板倾斜角度的关系。

3.能对莲花进行观察比较，发现莲花高矮与莲花旋转速度的关系。

游戏设计：李珺

■ 游戏名称：水路小船

适宜年龄：4～6岁。

阶段一：

游戏材料：各种样式的水瓶、皮筋，筷子垫板，螺旋桨塑料圈、船的图片、水池、水。

游戏玩法及规则：

幼儿尝试用瓶子制作皮筋动力小船，自由旋转卡片后将小船放入水中，观察

小船的行进方向。

指导重点及建议：

探究如何让小船往前走或往后走。

阶段二：

游戏材料： 各种样式的水瓶、皮筋，筷子
垫板，螺旋桨，塑料圈，记录表，制作的小船、
水池、水。

游戏玩法及规则：

教师提供可更换螺旋桨片数的小船，然后让幼儿自由探究不同形状的螺旋桨。

指导重点及建议：

1.在玩不同数量螺旋桨的小船时，引导幼儿探索桨叶数量与小船行驶速度的
关系。

2.引导幼儿实验前进行猜想，必要时投入记录表，让幼儿记录。

阶段三：

游戏材料： 各种样式的水瓶、皮筋，筷子垫板，螺旋桨，塑料圈，记录表，
制作的小船，泡沫标记

游戏玩法及规则：

根据幼儿兴趣，幼儿可以自行进行比赛。

指导重点及建议：

1.幼儿可以自由选择自己的小船进行组装，探究怎样让小船拐弯、怎样让小船直走，并进行经验交流分享。

2.引导幼儿正确面对自己比赛的结果，不因比赛名次而气馁。

游戏价值：

在游戏中，感知螺旋桨旋转对小船行驶速度和方向的影响。

游戏设计：张碧桐

■ 游戏名称：冰雪大世界

适宜年龄：5~6岁。

阶段一：

游戏材料：各种材质的小球（木质、铁质、塑料质、泡沫质、绒球等），日常生活中可以放入轨道进行滚动的物品，薯片桶切半，卫生纸卷切半，透明管道，可连接的弯头，可粘贴的 KT 板，透明胶带。

游戏玩法及规则：

教师创设冰雪大世界的情景，选取小球当滑雪运动员，幼儿在粘有胶条的板子上自由选择材料拼摆滑雪轨道，使小球从高处起点滚到地面终点，如小球中途掉落，则需重新调整游戏轨道。

指导重点及建议：

1.引导幼儿观察总结什么材质的小球适合在轨道中进行滚动，并为幼儿提供安全防护坠物的措施。例如，戴安全帽，不用铁球等。

2.引导幼儿从班级或生活中寻找能够搭建轨道的材料，并进行自主搭建。

3.结合冬奥会，教师可以引导幼儿收集自己最喜欢的运动员照片。

阶段二：

游戏材料：各种材质的小球（木质、塑料质、泡沫质、绒球等），纸杯，不同材质的管道，绳索，滑轮，塑料瓶子，卡通运动员、滑雪道、雪山等装饰品，可粘贴的KT板，透明胶带。

游戏玩法及规则：

教师添加滑轮（纸杯缆车）后，引导幼儿通过滑轮将小球运送到滑雪轨道起点，让球沿滑雪轨道滑落。此外，幼儿还需提前使用透明管道在网格中进行搭建，

指导重点及建议：

在搭建网格轨道中，引导幼儿观察轨道连接的情况，如若小球不滚动，猜测、验证小球不滚动的原因，并再次进行实验调整，直至小球滚出透明管道。

阶段三：

游戏材料： 各种材质的小球（木质、塑料质、泡沫质、绒球等），纸杯，不同材质的管道，绳索，滑轮，塑料瓶子，卡通运动员、滑雪道、雪山等装饰品，可粘贴的 KT 板，透明胶，记录表，笔，尺子。

游戏玩法及规则：

幼儿自主游戏，调整管道出口位置，探究管道坡度与小球的滚落速度的关系。根据幼儿的兴趣和问题，教师提供记录表。

指导重点及建议：

1.引导幼儿观察比较不同材质的小球滚落的速度与距离，猜测、验证并记录。

2.探究小球轨道坡度对小球滚动距离的影响。

3.引导幼儿自主发现并解决小球乱跑的问题。

游戏价值：

1.在游戏中探究不同材质的小球在不同轨道中滚落的速度与距离，通过改变轨道角度探究小球滚落方向。

2.在游戏中探究小球坡度与小球滚动距离、速度的关系。

游戏设计：张碧桐

附表：

冰雪大世界记录表

球的种类	小球滚动的距离

■ 游戏名称：乌鸦喝水

适宜年龄：5 ~ 6岁。

阶段一：

游戏材料：乌鸦喝水故事盒、小乌鸦卡片。

游戏玩法及规则：

利用故事盒带幼儿熟悉乌鸦喝水的故事。

指导重点及建议：

通过故事讲述，激发幼儿对"乌鸦用石子将水面升高喝到水"这一情境的兴趣。

阶段二：

游戏材料：画有刻度的养乐多瓶子若干、水、球状物（小铁球、小石块、玻璃珠小球）、量杯、记录表。

游戏玩法及规则：

幼儿使用同样大小的养乐多瓶子，将水倒至标线处，再分别放入多种球状物，记录每种球状物放入的数量。

指导重点及建议：

保证每个瓶子的水位标线是一样的，观察记录不同球状物的数量和水面上升变化之间的关系。

阶段三：

游戏材料：量杯、水、不同的容器瓶子、玻璃球、石子、实验记录单。

游戏玩法及规则：

幼儿利用量杯取同样多的水分别倒入不同容器中，再将玻璃球或石子放入每个容器中，操作观察哪种容器能让小乌鸦更快喝到水。

指导重点及建议：

1.指导幼儿正确使用量杯。

2.鼓励幼儿记录不同容器放入玻璃球或石子的数量，比较出能够让乌鸦更快喝到水的方法。

游戏价值：

1.以故事引发幼儿思考、探索，感受不同物体放入瓶中后水面的变化。

2.能够用自然物进行简单测量，并尝试用自己的方式记录测量结果。

游戏设计：杨梦

附表：

养乐多瓶子实验记录单

刻度颜色	我用的小石子	使用石子数量	记录人
—— —— ——			

■ 游戏名称：有趣的不倒翁

适宜年龄：5～6岁。

阶段一：

游戏材料：各种各样的玩具不倒翁。

游戏玩法及规则：

教师在区域中投放不同样式的不倒翁，引发幼儿观察猜想，感知不倒翁的特性。

指导重点及建议：

尊重幼儿的想法，允许幼儿最初探索，感知不同样式的不倒翁不倒是因为重心的原因。

阶段二：

游戏材料：不倒翁半成品、椭圆形物品（泡沫半球、鸡蛋壳、乒乓球、塑料半球等）、磁铁、螺丝母、胶钉、小石头、海绵球、玻璃珠、钢珠。

游戏玩法及规则：

幼儿知道不倒翁的特性，根据自己的猜想选择适宜的材料自制不倒翁。

指导重点及建议：

教师关注幼儿制作过程，鼓励幼儿不断调整方案，解决自己遇到的问题。

阶段三：

游戏材料：气球、磁铁、螺丝母、橡皮泥、胶钉、小石头、不倒翁记录表、大小不同的瓶盖。

游戏玩法及规则：

鼓励幼儿根据自己的猜想，大胆尝试使用气球和瓶盖自制不倒翁，过程中主动解决遇到的问题并记录。

拓展延伸：引导幼儿寻找生活中运用不倒翁原理的事物。

游戏价值：

1.通过观察感知不倒翁，了解不倒翁不倒的科学原理。

2.能根据自己的猜想，尝试制作不倒翁，感知不倒翁的重心越低越稳的特性。

游戏设计：杨梦

附表：

我来做不倒翁

我的猜想	我的制作方法	完成情况	记录人

■ **游戏名称：好玩的弹力大炮**

适宜年龄：5～6岁。

游戏材料：不同粗细、长短的纸筒若干，气球、弹力皮筋若干，透明胶带，矿泉水瓶。

第一阶段：

游戏玩法及规则：

在纸杯底部剪出一个圆形大洞，将减掉气球上三分之一处的气球底部套在纸杯底部，用胶带将气球与纸杯固定住。空气大炮制作完成后探究"如何将'炮弹'发射的更远"。

指导重点及建议：

1.通过实际操作探究材料不同发射炮弹的距离不同。

2.梳理能让弹力大炮发射距离远的多种方法。

第二阶段：

游戏玩法及规则：

1.感知不同弹力材料制作的"弹力大炮"发射的距离不同。

2.还可以准备一个 Y 型玩具材料，将皮筋交叉十字固定在开口处，制作出新的弹力大炮。

指导重点及建议：

1.引导幼儿说一说是如何解决弹力材料的固定问题的。

2.提示幼儿游戏时不能将"大炮"对准小朋友。

游戏价值：

尝试探究改变弹力大炮射程的不同方法。

游戏设计：张丽

■ 游戏名称：皮筋动力飞机

适宜年龄：5～6岁。

阶段一：

游戏材料：自制动力飞机（木签、橡皮筋、固体胶、螺旋桨、回形针、硬卡纸）。

游戏玩法及规则：

手持飞机，旋转螺旋桨后将飞机垂直向上放飞，观察飞机的飞行情况。

指导重点及建议：

随着幼儿的发现，引导幼儿探究飞机运动时间（距离）与皮筋旋转圈数的关系。

阶段二：

游戏材料：皮筋动力飞机、吸管、固体胶、线绳、软尺。

游戏玩法及规则：

在飞机上安装吸管，将飞机穿进光滑的线绳中，使飞机在轨道上飞行。记录飞机旋转的圈数和飞行距离，也可进行飞行比赛。

指导重点及建议：

1.探究旋转圈数对飞机飞行距离（或高度）的影响。

2.引导幼儿用自己的办法进行自然测量，比一比谁的飞机飞的远。

游戏价值：

1.能够自主探究飞机飞高的方法。

2.观察飞机的飞行现象，探究旋转圈数与飞机飞行时间（或距离）的关系。

游戏设计：张意　刘长绪

附表：

"皮筋动力飞机"记录表

记录人：_____　　　日期：_____

旋转圈数	飞行距离

五、磁的游戏

■ 游戏名称：磁力小车

适宜年龄：3 ~ 4 岁。

阶段一：初步感知磁铁特性

游戏材料：各种样式的磁铁、各种自制磁力小车。

游戏玩法及规则：

教师投放各种样式的磁铁和自制好的磁力小车，幼儿自行选择，在空旷的场地自由感知探索用磁铁吸住小车拉行或推着小车前进。

指导重点及建议：

尊重幼儿的想法，允许幼儿最初探索，尝试用各种磁铁推拉磁力小车，感知磁铁同极相斥、异极相吸的特性。

阶段二：深入探究，增设情境

游戏材料：各种样式的磁铁、各种自制磁力小车、橡皮泥、双面胶、胶条、迷宫场地，比赛场地、记分牌 。

游戏玩法及规则：

创设游戏情境，例如，磁力小车走迷宫或磁力小车比赛。幼儿自行选择磁铁和小车，在场地用磁铁操控小车，引导幼儿自己设置计分规则。幼儿也可以自己粘贴磁铁，进行尝试。

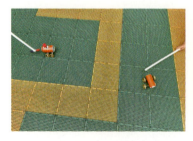

指导重点及建议：

1.在磁力小车走迷宫的情境中，引导幼儿自己制定比赛规则。例如，将车控制在迷宫实线内，不得随意穿越实线等。

2.在磁力小车比赛中，教师可以指导幼儿根据比赛结果在记分牌上记录。

3.幼儿可自主选择不同的火车车厢，自主选择连接方式，可以是不同磁铁磁极相吸，也可以是同级磁铁相推行。

游戏价值：

1.在游戏中了解磁铁的特性，同性相斥、异性相吸。

2.通过观察、比较，发现不同磁铁的磁性大小不同。

游戏设计：王冬冉

■ 游戏名称：贪吃蛇

适宜年龄：3～4岁。

游戏材料：自制的立体迷宫（迷宫两端分别画好苹果树和蛇洞），各种形状的、粘贴有塑封小蛇图片的磁铁，小钢球若干。

第一阶段：

游戏玩法及规则：

幼儿先把小钢球散放在迷宫里当"苹果"，然后拿磁铁"小蛇"从苹果树出发，走迷宫采"苹果"，最后走到蛇洞。看哪种"小蛇"采的"苹果"多。

指导重点及建议：

教师引导幼儿观察磁铁吸钢球的情况。有的磁铁吸的多，有的磁铁吸得少；有的磁铁把小钢球都吸到磁铁上，有的磁铁把小钢球吸成长长的一条线，像小蛇一样。

第二阶段：

游戏玩法及规则：

幼儿先把小钢球散放在迷宫里当"苹果"，把磁铁"小蛇"放到纸盒下面走迷宫采"苹果"，比一比谁的"小蛇"采的苹果多。

指导重点及建议：

教师指导幼儿感受磁铁隔物吸铁的特性。

游戏价值：

1.初步感知磁铁的磁性。

2.初步感知磁化的现象。

3.在游戏中感知磁铁隔物吸铁的特性。

游戏设计：李岩君

■ 游戏名称：磁铁宝藏

适宜年龄：3～5岁。

阶段一：

游戏材料：各种样式的磁铁、日常生活中不同材质的物品、打印并塑封的沙漠宝藏、透明塑料盒、kt板、颗粒沙。

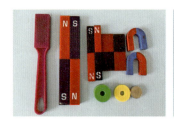

游戏玩法及规则：

将沙子放到大的透明盒子里，将老师提供或幼儿自己寻找到的日常生活中不同材质的物品放到太空沙中进行掩盖，幼儿自行选择不同的磁铁探入沙中进行寻找。

指导重点及建议：

尊重幼儿的想法，允许幼儿大胆尝试探索，感知磁铁的特性，了解生活中可以被磁铁吸住的物品。

阶段二：

游戏材料：各种样式的磁铁，玩具框，曲别针、铁丝、铁球、卡子、弹簧等铁制品，积木，海绵，葫芦，吸管，木质球，塑料小球，雪花插片，纽扣、铜硬币、铝盒等非铁制品，打印并塑封的沙漠宝藏，透明塑料盒，kt板，颗粒沙，水桶，水，头饰，沙漠寻宝，海底世界的图片。

游戏玩法及规则：

幼儿带上头饰，在情境中选取自己使用的磁铁在沙子中进行探索，或到海底世界中利用自己选取的磁铁鱼竿寻找水下的新宝藏，将找到的宝藏物品进行分类，放到分类宝箱中，一个宝箱是能被磁铁吸住的宝物，另一个宝箱放不能被磁铁吸住的宝物。

指导重点及建议：

1.引导幼儿观察能被吸住的物品的特性，总结得出这些物品均为铁制品。

2.有些金属不能被磁铁吸住，但幼儿容易混淆金属就是铁，教师可以引导幼儿了解这些金属的材质不同。

游戏价值：

在游戏中发现磁铁在不同介质中吸铁的特性。

游戏设计：张碧桐

附表：

宝藏大分类	
1.能被磁铁吸住的放到绿色图标下面的表格。 2.不能被磁铁吸住的放到红色图标下面的表格。	
☺	☹

（注：可增加表格数量）

沙漠宝藏		
↘ → ↓	☺	☹

海底宝藏		
↘ → ↓	☺	☹

■ 游戏名称：快乐足球

适宜年龄：4～5岁。

阶段一：

游戏材料：各种样式的磁铁、玩具足球、粘好磁铁的立体"足球员"、自制足球场。

游戏玩法及规则：

教师将足球员粘在牙膏盒里，牙膏盒底部粘好磁铁，幼儿自行选择用哪种磁铁在足球场下方操控足球员，进行踢足球游戏。

指导重点及建议：

尊重幼儿的想法，允许幼儿最初探索，试用各种磁铁操控足球员，感知磁铁的特性。

阶段二：

游戏材料：各种样式的磁铁、玩具足球、立体"足球员"、自制足球场、记分牌、记录表。

游戏玩法及规则：

幼儿自主选择磁铁粘贴在足球员上，用磁铁操控足球员，引导幼儿自己制定足球游戏及计分规则。

指导重点及建议：

1.足球运动员有时候会倒，有时候则很容易跟着磁铁走，引导幼儿观察这一现象，理解磁铁的特性之一"同极相斥、异极相吸"。

2.教师投放多种磁铁，开展磁铁大比拼活动，在足球场操作对比中发现磁铁的磁性是不一样的。教师根据幼儿需求还可投入记录表。

3.引导幼儿自制运动员，教师提问："除了磁铁还可以放什么？"引导幼儿发现磁铁可以吸铁以及隔物吸的特性。引导幼儿先猜想，再验证，教师可提供记录表。

游戏价值：

1.在游戏中了解磁铁的特性。例如，观察、比较磁铁磁性的大小。

2.培养幼儿猜想验证的能力。例如，猜想磁铁可以吸什么材质的物品。

游戏设计：周辉

■ 游戏名称：好玩的迷宫

适宜年龄：4～5岁。

阶段一：

游戏材料：大迷宫、各种样式的磁铁、磁力球、小汽车、磁力小车。

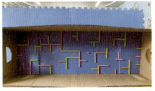

游戏玩法及规则：

幼儿探索材料后，可以根据兴趣自选玩法。

玩法1：两人操控迷宫的两端，形成坡度后让小汽车走迷宫。

玩法2：选择一种磁铁，用磁铁吸着或推着磁力小车前进。

玩法3：选择磁铁在迷宫下方，隔着迷宫底部吸着磁力小球前进。

指导重点及建议：

尊重幼儿的想法，允许幼儿最初探索，感知坡度能让小车行走以及坡度的改变影响小车行进方向。

阶段二：

游戏材料：镜子迷宫、小铁球、各种磁铁。

游戏玩法及规则：

幼儿将铁球放在迷宫内部，用磁铁在镜子迷宫外部控制小铁球，幼儿透过镜子迷宫的小孔看镜面反射的迷宫，推断小球行进的方向，由此移动磁铁，使小球走迷宫。

指导重点及建议：

1.在幼儿充分感知后，引导幼儿观察磁铁哪部分最容易吸小铁球，初步了解磁铁磁性的大小。

2.教师投放多种磁铁，开展磁铁大比拼活动，在操作中对比、发现磁铁的磁性是不一样的。教师根据幼儿需求可投入记录表。

游戏价值：

1.幼儿在自主操作中了解磁铁可以隔物吸铁，磁铁各部分的磁性强弱不同等特性。

2.在迷宫游戏中帮助幼儿发展空间能力和方向感。

游戏设计：杨茜　周辉

■ 游戏名称：我来摘水果

适宜年龄：4~5岁。

阶段一：

游戏材料：麻绳网子、水果道具、磁铁、别针、钩子、轻便的长棍子、摘水果的网兜。

游戏玩法及规则：

幼儿根据自己的兴趣和需要选择工具摘水果。允许幼儿发挥自己的想象，使用多种方式体验、感知摘水果的乐趣。

指导重点及建议：

投放木棍、网兜、钩子，尊重幼儿的想法，允许幼儿最初探索，尝试根据自己的想法摘水果。

拓展延伸：引发幼儿关注水果后面的"磁铁秘密"，尝试根据磁力大小自制摘水果工具。

阶段二：

游戏材料：各种样式的磁铁、磁体水果、摘水果工具半成品、棍子、吸铁石棒。

游戏玩法及规则：

幼儿探究磁力大小对摘水果的影响。引导幼儿根据自己的想法和需要自制摘水果工具或是完成半成品，体验摘水果的乐趣和成功的喜悦。

指导重点及建议：

1.在自制摘水果工具时，幼儿可能会遇到难题，教师需要鼓励幼儿寻找材料，自主解决问题。例如，粘贴磁铁、固定磁铁、棍子不够长等。

2.允许幼儿结合自己的实际生活经验进行材料的制作，运用磁铁的磁力来解决游戏中的问题。

阶段三：

游戏材料： 各种样式的磁铁、自制摘水果工具、记录表。

游戏玩法及规则：

幼儿寻找多种材料自制摘水果工具，完成摘水果挑战，并将自己的方法记录下来。

拓展延伸： 幼儿将自己喜欢的物品画一画、做一做，想办法挂在网子上。

指导重点及建议：

1.工具不够长时可以根据自己的想法，组装延长工具。

2.能够选择适宜的胶来粘贴自制工具。

游戏价值：

1.在摘取水果游戏中了解磁铁的特性，能够根据需要选择磁力大小合适的磁铁。

2.能够结合实际生活经验解决遇到的问题并自制摘水果工具，提高动手操作能力。

游戏设计：杨梦

第四章 幼儿园科学区域游戏的观察与指导

第一节 促进幼儿主动探究的
科学区域游戏观察分析方法

科学活动中的幼儿主动探究行为是指在幼儿园科学游戏中，当幼儿面临新环境中的新事物或新现象时，会积极主动地去了解，主动互动并选择方法去探索，由此产生的外显性行为表现。科学游戏中，幼儿能主动发现自己所要探究的问题，就意味着幼儿的主动探究行为已经发生。而这一行为的发生，则表明幼儿的已有经验和新发现产生了冲突，激发了幼儿想要探究的欲望，让幼儿产生主动探究的行为。主动探究的特点：一是幼儿受自身内在的动机（喜好、好奇心、探究欲望等）驱使；二是幼儿与物之间的互相作用，从而表现出来的一种外向型的行为。三是新发现问题与已有的知识经验的相互作用所诱发的行为。

观察是教师有效指导幼儿主动探究的基础。依据幼儿主动探究的特点，课题组从幼儿内在动机、与材料的相互作用、新发现问题与已有经验的相互作用情况三方面展开论述：

一、幼儿内在的主动探究动机

第一，具有主动探究的科学游戏是一种内驱性行为。科学区域游戏的胜利进行源于幼儿对活动本身充满兴趣，而不是外部的要求或命令。正因为游戏的动机来自主体的内部需要，所以游戏是幼儿主动自愿的活动，不受外在力量的强迫与控制。第二，游戏是一种愉悦性行为。愉悦作为一种人的情感体验，与主体心理的情感满足相联系。因其身心活动需要得到了满足，所以就会处于情绪愉悦的状态。

幼儿主动探究行为的表现：1.表情愉悦，目光专注；2.游戏中可能会提出问题；3.游戏达到其目的的时候往往乐于表达和交流，愿意与老师或同伴分享自己的游戏过程和结果。

幼儿无主动探究行为的表现：1.表情空洞，东张西望或目光呆滞；2.不与他人进行语言交流，或说一些与游戏无关的内容；3.重复摆弄科学区材料，心不在焉。

二、幼儿与材料的相互作用

幼儿主动探究行为的表现：1.会选择喜欢的游戏材料或游戏内容；2.能按照自己的猜想或计划进行积极操作或记录，游戏时间能达到或超越本年龄段水平；3.遇到困难会主动解决或求助他人。

幼儿无主动探究行为的表现：1.不选择或不会选择游戏；2.操作无计划，敷衍摆弄，遇到困难轻易放弃；3.游戏时间短，不能达到本年龄段水平。

三、发现问题与已有经验的相互作用情况

幼儿主动探究行为的表现：能够自主结合经验解决问题，或是在提示下结合已有经验猜想去尝试解决问题。

幼儿无主动探究行为的表现：1.不能自主发现问题；2.遇到问题只想退缩或放弃，不能尝试自主解决问题。

总之，在幼儿科学游戏的过程中，如果幼儿游戏行为符合主动探究的情况，那么可以证实幼儿正处于主动探究之中；相反，则没有主动探究的发生。如果游戏中幼儿没有主动探究行为出现，那么教师应及时反思影响幼儿主动探究的原因，并尽快做出调整。

第二节　幼儿科学游戏"6段式"探究规律及常见表现

结合大量真实案例，分析游戏中幼儿的具体行为表现，对幼儿游戏不同阶段的表现进行阶段划分，探寻幼儿游戏规律。研究发现促进幼儿主动探究的科学游戏包含：感知发现、提出问题、做出假设、实验操作、分析结果、游戏（生活）运用6个环节。当实验的结果不符合最初的假设时，幼儿会提出新的假设继续重复后面的探究活动。

游戏阶段	幼儿常见表现
感知发现	1. 随意摆弄材料或是拆开材料玩，运用多种感官感知发现事物的特征或发现事物的变化。例如，看、摸、拆等。 2. 能将观察到的事实进行比较和概括，认识到事物的不同和相同。 3. 能运用动作、语言等形式表达自己的感受或重复游戏。 4. 不知道怎么玩，经常换玩具。
提出问题	1. 幼儿会依据自己的发现提出问题。 2. 重复游戏找不到问题原因，也不会提出问题。 3. 玩够了没兴趣了，想要放弃游戏。
做出假设	1. 幼儿能够根据观察到的现象，并结合自己已有的经验，推想它的原因。 2. 急于想按照自己的想法尝试。 3. 幼儿针对活动结果是否还有问题或是新的想法。
实验操作	1. 急于想按照自己的想法尝试。 2. 寻找工具材料，依据目标运用正确的操作方法进行活动。 3. 用各种手段（图表、绘画、作品展览等）记录或展示自己的科学活动结果。 4. 遇到困难停滞不前，但仍旧有探究欲望。

分析结果	1.关注自己的操作结果，急于获得成功。 2.对操作过程和结果进行思考、调整和修正。 3.操作成功后感到很满意，失败后会放弃或继续做出下一轮的假设。
游戏（生活） 运用	1.能将自己操作后的结果应运到生活中。 2.老师提醒下能运用已有的研究结果解决问题。

　　要说明的是，上述游戏阶段是研究者依据幼儿大量的行为表现分析总结出的经验。幼儿只有在面对新材料的时候才会经历感知体验的阶段，只有通过感知体验了解了事物的主要特征才可能提出问题。在幼儿科学游戏现场，可能会只经历 1～2 个阶段，也可能是更多的阶段。游戏可能会直接从提出问题阶段开始，也有可能在探究活动结束后又有新发现，然后重复整个探究过程，教师应结合幼儿表现，分析出他所处的探究阶段并给予适当的指导。

第三节　科学游戏"6 阶段"的教师支持策略

教师对幼儿游戏的支持应以观察为基础，在观察的基础上给予幼儿适宜的支持策略。一方面从科学关键经验入手展开支持策略的研究，其中包括培养幼儿积极端正的科学态度、正确的科学探究方法和相关的科学知识经验；另一方面从幼儿年龄特点和幼儿在科学游戏的具体行为表现入手，分析幼儿活动行为，围绕教师介入时机、如何提问、如何支持幼儿展开研究。

通过大量观察和分析游戏中幼儿的具体行为表现，发现促进幼儿主动探究的科学游戏包含：感知发现、提出问题、做出假设、实验操作、分析结果、游戏（生活）运用 6 个环节。当实验的结果不符合最初的假设时，幼儿会提出新的假设继续重复后面的探究活动。

在科学游戏的不同阶段幼儿的行为表现是不同的，所以教师观察和指导的重点也不一样。游戏的每个阶段都具有本阶段独特的价值，教师不应该过度追求游戏的结果而忽视幼儿在科学游戏过程中的体验。

一、感知发现

（一）本阶段的游戏特点与价值

幼儿通过反复地观察，例如，摸、闻、尝、听、玩、操作等方式，感知事物的基本特征，积累相关的感知经验。这些感知经验的建立有助于幼儿运用到今后的生活和游戏中。

（二）教师重点观察的内容

1. 幼儿能否运用多种方式感知事物的基本特征，发现事物的变化。
2. 能否运用动作、语言、艺术等形式表达自己的感受和发现。

3.幼儿感兴趣的内容及兴趣点是什么，分析出游戏的探究点及游戏价值。

4.游戏环境、材料是否能够满足幼儿的探究需要。

（三）幼儿的常见表现

1.随意摆弄材料或是拆开材料玩，运用多种感官感知事物的特征或发现事物的变化。例如，看、摸、闻、拆等。

2.能将观察到的事实进行概括和比较，认识到事物之间的异同点。

3.能运用动作、语言等形式表达自己的感受。

4.长时间停留在摆弄阶段的重复游戏。

5.不知道怎么玩，经常换玩具。

（四）教师指导建议

1.提供便于操作、功能丰富的材料及安全的游戏环境。

2.支持幼儿运用看、听、闻、摸、尝等方式感知事物特征。

3.为幼儿提供充分观察和感知周围事物的机会，保证充足的探究时间，让他们感知物体特征和物体现象。

4.不要求幼儿按照教师的方法玩，对于他们的发现要保持好奇心。

5.允许幼儿因探究弄乱或弄脏环境。

6.通过多种方式创设游戏情境，为幼儿提供任务，做到与幼儿感同身受。

7.支持幼儿运用自己的语言描述观察到的现象或变化。

8.提供词语帮助幼儿命名，让他们充分理解感知结果。

案例：玩"转"陀螺

自从龙龙从家里带来了一些彩色的陀螺之后，孩子们对陀螺的兴趣就变得越来越高了，常常可以看到他们三五成群地蹲在一起研究着陀螺，感受着陀螺带来的快乐。有次我突发奇想，问道："谁家里还有好玩的陀螺？"美美说："我家里有会发光的陀螺。"

教师看到了孩子们对陀螺的兴趣，鼓励幼儿收集更多不同的陀螺。

轩轩说："我家有铁的旋风陀螺"……于是转天孩子们就从家里带来了各式各样的陀螺。早晨餐前活动时间，美美对班里的小朋友说："快看我这个陀螺，一拉就能转起来，边转还能边发光呢！"心心："哇，你这个陀螺真好看，好多颜色啊！"轩轩："我这两个陀螺用手一转就行，就是颜色和花纹不一样。"瑞瑞："你这个陀螺好沉啊"……我凑到孩子们跟前好奇地问道："你们都发现了什么啊？""我的是这样的，老师您看。""那和别的小朋友的陀螺相比，有什么不同呢？""老师，我的陀螺是铁的，比他们的都沉，肯定转得更稳！""我的是木头的，还有彩色的花纹。"……"哇，你们的陀螺花纹都不一样，发射方式也不一样，有铁的、木头的和纸的，材质也不一样，真不错。可是一会儿我们该准备吃饭了，什么时候再来玩陀螺呢？"心心和轩轩说："那就一会儿吃完饭后去活动区玩吧，或者户外活动结束后，还可以在过渡环节玩一会儿！"

　　饭后，孩子们齐聚在科学区域。轩轩激动地叫着我。我很疑惑地看着他："怎么啦？"他拉着我，指着陀螺说："我发现我的正方形陀螺一转就变成圆形的了！"我很惊喜地看着他："是吗？我能看看你转的嘛！"一旁的幼儿们也满是疑惑。轩轩激动地说："老师您看吧，我就说它是圆形的，它呀，一转起来，四个角就都不见了，变成了圆形。"我欣喜地看着他："其他形状的陀螺转起来是什么样呢？"一旁的心心听见我跟

⏳ 为幼儿提供充足的游戏时间和安全的游戏环境。

⏳ 教师支持幼儿能够运用自己的语言描述观察到的现象或变化。

轩轩的谈话，举起手中的三角形陀螺："老师，我也有发现，我的三角形陀螺转起来也变成圆形的了！"同伴们说："我的陀螺上边的小点点一转起来没有了，变成一圈一圈的了。"龙龙："陀螺在转的时候颜色会夹在一起，变得五颜六色的。""老师，我有重大发现！"奇奇大声地叫着我，想让我赶快走到她身边，走近后她对我说，"陀螺的材料不一样，有的是铁的，有的是塑料的，有的是纸板的。"说完了还把不同材质的陀螺分别展示给我看。通过她的表现，侧面反映出她观察得很仔细，不是只尝试玩了一种陀螺，而是所有的陀螺都玩过了。"孩子们，你们发现了陀螺这么多神奇的地方。小陀螺的材质不一样，有木头的、金属的还有纸的，那么，它还有哪些神奇的地方呢？"龙龙争先恐后地说道："陀螺的花纹一转起来就变了，点点变成一个圆圈了。每个陀螺都有一个尖尖，能让陀螺转起来不倒。""哦，那是陀螺的中心轴。"我说道，"小朋友们发现，陀螺的形状也是会变的，三角形的陀螺一转就变成了圆形陀螺。"

　　看孩子们玩得这么投入，我问："什么样的陀螺转得更久呢？"身边楷楷抢先说了出来："越小的陀螺转得越久。"梓潼说："不对，越大的陀螺转得越久。"大龙说："不对，是铁的陀螺转得久。"……我说："怎样才能知道哪个转得快呢？"孩子们开始争论起来，最后他们决定进行一场"陀螺大赛"。

⌛ 教师不要求幼儿按照教师的方法玩陀螺，要对他们的发现保持好奇心。

⌛ 为幼儿提供充分观察和感知多种陀螺的机会，保证充足的探究时间，和幼儿一发现、感知陀螺的特征和转动起来的现象。

⌛ 教师观察到幼儿的兴趣，通过提出问题："什么样的陀螺转的更久？"引发幼儿进一步的观察探究。

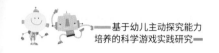
案例分析：

教师及时地给孩子们提出了挑战性的问题，孩子们完全被这些小小的陀螺给吸引住了，不是简单地在玩，而是真的在带着问题去发现、去探究陀螺的奥秘。给幼儿充足的探究时间，让他们去发现、感受并通过玩不同形状和不同颜色花纹的陀螺，感知不同形状、颜色的陀螺旋转后的变化。在这个过程中，每个孩子都能有自己的想法和想要去一探究竟的愿望，就像他们愿意用纸将自己知道的经验画下来分享给同伴一样，这才真正地体现了孩子活动的主体地位。

（班级：中一班　教师：杨梦）

二、提出问题

（一）本阶段的游戏特点与价值

提问不仅是一种语言交流活动，还是幼儿自主学习的一种表现，是幼儿合作学习的一种途径，也是锻炼其批判性思维，培养其创新性思维的一个过程。幼儿园科学游戏中幼儿提问是其游戏的外在表现，提问水平的高低从侧面反映了幼儿主动探究能力的高低。

幼儿提问类型分为三类：常识了解型、探索求知型和情感流露型。常识了解型主要是针对活动内容、活动规则、活动材料和活动安排进行提问，探索求知型主要是针对活动中出现的一系列问题提出的，所有幼儿寻求帮助型问题和想要获得认可型问题都被称为情感流露型问题。需要说明的是不同活动阶段幼儿提问的类型是不同的，这些提问对于促进幼儿主动探究有重要意义。

（二）教师重点观察的内容

1.能否将观察到的事实进行比较和概括，认识到事物之间的异同点。

2.幼儿是否能够根据观察到的事物现象或变化，并结合自身已有的经验，进行提问或推想它出现的原因。

（三）幼儿的常见表现

1.语言发展能力较好的幼儿通常会直接提出自己的疑问。

2.有的幼儿没有提出问题而是直接进入了自主解决问题的阶段。

3.长时间停留在摆弄阶段的重复游戏，找不到问题所在，即将放弃游戏。

（四）教师指导建议

当幼儿遇到意料之外的事情，也就是说一件事情的实际情况与他们的预期不同时，他们关于科学的想法会得以发展，因此促进科学主动探究与推理能力发展的方法之一就是创造机会让幼儿经历认知冲突，即他们所见与原有经验之间的矛盾。

1.经常引导幼儿对感兴趣的事物进行持续仔细地观察，并鼓励幼儿提出问题。

2.认真对待幼儿提出的问题，并对幼儿提出的问题保持好奇，但不急于给出答案。

3.应给予幼儿充分的表达和提问的机会，不以成人的认知否定幼儿的问题。当幼儿不会自己发现问题时，教师可以以同伴的身份提出问题。

4.教师的提问一定是针对幼儿的兴趣和发现提出的，最好能够引导幼儿主动发现这些问题。另外，这些提问应该有一定数量的限制，避免因为教师过度提问影响幼儿探究的热情。

5.鼓励幼儿根据观察或发现提出值得继续探究的问题，或成人提出有探究意义且能激发幼儿兴趣的问题。

三、做出假设

（一）本阶段的游戏特点与价值

幼儿科学游戏注重幼儿对探究过程的关注，让幼儿通过亲身经历探究中的一系列流程和步骤来获得相关的经验知识。在这个过程中，幼儿通过语言或动作表明自己的预期，通过思考过去相似情境中发生过什么并预期可能会发生什么。例如，教师提出"电子积木的正负极与小灯泡相连会怎样？"对幼儿来讲，相对于操作更重要的是获得科学的思维方式，设立假设，并在活动中验证其成立与否来

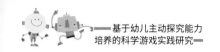
获取科学知识。培养幼儿做出假设的能力有助于发展其前瞻性思维，使之成为一种"思维习惯"。幼儿的假设不一定都是通过语言来表达，有时候教师需要依据他们的行为进行推测。假设阶段包括两点：

1.初步理解科学现象的表面现象和简单因果关系。

2.初步根据事物的表面属性进行简单的概括和归类。

（二）教师重点观察的内容

1.幼儿能否依据原有经验对现有的问题进行相对周密的推理，做出自己的判断。

2.能否在老师的提示下回忆相关经验并结合现有情况，对问题进行简单的推理判断。

（三）幼儿的常见表现

1.观察能力较强的幼儿往往会依据自己的原有经验对事物或行为结果进行比较周密的推测。

2.原有经验较少的幼儿做出的假设具有很大的随意性，在成人视角看来往往没有任何依据。

（四）教师指导建议

1.鼓励幼儿大胆猜想将会发生什么，当幼儿自己不能进行假设时教师可以提出问题引发幼儿的猜想。例如，把彩色橡皮泥放进水里会发生什么？

2.观察并分析幼儿的行为，对幼儿能提出有缘由的假设进行赞许，不单单只关注结果。

3.帮助幼儿思考以往经验和当下经验之间的相似之处，并使二者建立相关的联系。例如，教师说："昨天我看到你用纸自制漏斗往瓶子里装细沙，今天你是否想用同样的方法装这些小米呢？"

4.教师对幼儿的想法及时给予支持。在这一环节教师不仅要允许幼儿按照自己原有的假设进行尝试，并且还要允许他们尝试计划以外的想法。

5.支持幼儿按照自己的假设进行自主探究，提供安全的探究材料和探究机会。

6.教师的支持不仅体现在态度上，还应该体现在允许幼儿按照自己的假设进行尝试。

案例：搭建老手遇到的新问题

然然非常喜欢玩彩色磁力小球，今天他搭建了一架五层的轨道，但是小球每下落一层，就会慢慢停止滚动，他不得不推一下小球才能继续前进。

然然不解地问："邓老师，小球怎么不走呢？"我蹲下来认真观察轨道："是呀，为什么会这样呢？你可是搭建高手啊。"然然为难地说："说明书上轨道是平的。"说着便拿说明书向我证明。我微笑着安慰他："你以前是搭建这样的轨道吗？""不是，要有坡度才行。那是不是说明书错了呀？不可能吧？"然然疑惑地看着我。"你这个想法很大胆，想不想挑战一下？你可是非常优秀的建筑师哦。""想！""了不起，你想怎么做呢？"然然信心十足地说："我想给发射台做个加速器，我以前就这么搭的。"我伸出大拇指："快试试看吧！"

> 幼儿遇到问题不直接给出答案，可以帮助幼儿回顾前期经验，鼓励幼儿大胆猜想，肯定幼儿的想法，不过多关注结果。

然然把最上层又加高了些，虽然小球的初始速度更快了，但当小球到达下一层时，仍旧会慢慢停止滚动。然然有点气馁："到第二层又不行了。""没关系，我相信你能想出更好的办法，加油！"然然笑了，他看着浩浩玩的木质轨道："邓老师，我能不能用积木加高一下？""当然啦，班里的材料你可以随便用。"

> 支持幼儿按照自己的假设进行自主探究，为幼儿提供方便、安全的探究材料和探究机会。不急于评价幼儿成功与否，也不要求幼儿按照教师的想法操作。

然然把积木片勉强插进后，轨道变得极为不稳定，他又把积木取出来，不好意思地说："不行，我能换一

个吗？""好啊，用什么都可以。"他将绿色直轨两端各安装了一个红色弯轨，做了一个加速器，但装上后两端不一样高。然然面露难色，想要放弃。我轻轻地拍了拍他的肩膀，微笑着说："然然，这个轨道太有挑战性了，需要我帮忙吗？"然然点了点头，跟我说了遇到的问题。我带他走近玩具柜："这磁力轨道为什么有这么多颜色啊？"然然认真地回答我："绿色是直行轨道，红色是拐弯的，橙色这个是空心的。""那橙色的能干什么呢？""红色绿色要是不够了，可以把它垫在轨道下面。""哦，原来这个可以垫高呀。"然然受到了启发，"对呀，把这个垫上就一样高了。"

"老师，您能帮我吗？""好，你想让我怎么帮你？""帮我把橙色方块加进去，我怕弄倒了。""可是我也没有把握。""那您能帮我扶着吗？我来加。""当然可以啦。"因为轨道太高了，我们还是不小心弄倒了。但是然然没有灰心，他干脆全部拆掉重建。他按照自己心中的设计图，很快搭建出了比说明书更合理的轨道。

教师不仅要允许幼儿按照自己原有的假设进行尝试，还要允许他们尝试计划以外的想法。

教师要观察幼儿操作中的问题，及时给予支持。帮助幼儿回顾前期经验，找出解决办法。

当幼儿不知道正确的操作方法时，教师可以介入游戏，但要做一半，留一半。

案例分析：

在游戏过程中，面对幼儿出现的问题，教师不要直接给出答案，可以以同伴的身份参与游戏，鼓励幼儿提出自己的想法，启发幼儿根据以往经验自己找到解决办法。当幼儿提出自己的想法，教师不能以成人的认知去否定幼儿，而是要鼓励幼儿大胆猜想并不断尝试，提高幼儿自主解决问题的能力。

（班级：大二班　教师：邓金蕊）

四、实验操作

（一）本阶段的游戏特点与价值

幼儿通过实验检验自己的假设或想法是否正确，通过操作材料反复试误，在头脑中形成可能的解决方案。实验操作阶段有助于幼儿形成按计划做事的能力，同时能提高幼儿的动手操作能力，提升他们的实践经验。

（二）教师重点观察的内容

1.使用工具的情况。

2.能否依据目标，运用正确的操作方法进行活动。

3.在操作过程中能否根据操作目标及时调整操作过程。

4.对操作过程和结果进行思考、调整和修正。

5.记录结果。

（三）幼儿的常见表现

1.游戏初期，发现实验操作结果不会提问或描述，后期操作过程若如幼儿所预测的一样时幼儿往往比较兴奋，并愿意与他人分享自己的结果。

2.游戏初期，当操作结果与预测不一样时幼儿往往会放弃，探究能力较强的幼儿则会反复尝试并寻找原因，但如果一直没有出现期待的结果往往会放弃活动。

（四）教师指导建议

1.教师对幼儿的想法及时给予支持，可以提供方便幼儿操作的环境和材料。在这一环节教师不仅要允许幼儿按照自己原有的假设进行尝试，并且还要允许他们尝试计划以外的想法。

2.提供安全的探究材料和探究机会。不急于评价幼儿是否成功，也不要求幼儿按照教师的想法操作。

3.观察幼儿操作，记录操作中的问题并及时给予支持。

4.当幼儿不会正确使用工具时及时介入，可以通过图示或是示范的方式教会幼儿使用工具的方法。

5.当幼儿不会正确的操作方法时介入：①与幼儿共同回顾正确的操作方法及操作流程；②请幼儿观察同伴的方法或回顾前期经验；③做一半，留一半。

案例：轨道大桥

活动区里投放的新玩具吸引了宸宸、思思和小哲，宸宸兴奋地说："老师我想搭建一条长长的轨道大桥。"于是几人开始热火朝天地搭建轨道，不多久就用纸筒搭建了一条轨道。他们拿了一个小球顺着纸筒的一端滑动，滑到中间小球不动了，于是思思将纸筒抬高，小球滚下去了。由于纸筒很长，一不小心思思就将轨道碰倒了，他赶忙接住断开的轨道说道："轨道断开了，快来帮帮我"。我说："小球从断开的轨道里掉出来了！"宸宸赶忙去美工区找来了透明胶带和剪刀，将轨道粘牢。很快小球又掉了出来。我说："班里还有其他材料，你们要不要试试？"只见宸宸拿来了薯片筒、纸卷筒，说："老师，用这个可以。"我鼓励他们说："可以试试！"宸宸用剪刀把纸筒剪成半个，之后又粘贴到墙面上。实验时，小球掉落的瞬间把纸筒打掉了，宸宸赶忙找来剪刀和胶条，可是怎么也粘不牢固，宸宸非常着急，于是我安抚宸宸道："我看到你用剪刀剪胶条很费劲，我这里有胶条器，你要不要试一试？"宸宸转头对思思说："思思你能帮帮我吗？你帮我撕胶条，我来粘。"在思思的帮助下不一会儿的工夫两人就搭成了长长的错落有致的轨道。经过他们反复实验发现轨道越长坡度越大，小球滚下来的速度就越快，所以每次小球都冲出轨道，于是他们想要通过更换材料的方式改变轨道。首先他们选用

支持幼儿按照自己的假设进行自主探究，为幼儿提供方便、安全的探究材料和探究机会。不急于评价幼儿的成功与否，也不要求幼儿按照教师的想法操作。

一些长轨道并将轨道从椅子中穿过，由于惯性的原因每次小球都冲到地上，于是他们决定增加几个拐弯，小球遇到转弯就会减速从而小球就能顺利地从轨道中穿过。

哲哲："老师这小球怎么出不来卡在里面了。"我说："卡在里面了吗？怎样才能让小球前进呢？"宸宸用小手使劲地摇晃管道小球也没有动，哲哲找到了一根棍子，伸进管道中碰到了小球，可是棍子不够长，小球并没有前进。我说："你们看一下，管道里是个平面，想一想，之前我们做的实验小球在斜面走得更快，试试用什么办法能让小球继续前进？"哲哲："我们用的地垫，小球放在地上的时候不动，但是我把地垫一边抬高，小球就自己滚动了，我这个管道太平了没有坡度，应该让小球从斜面出来。"于是他调整了管道的坡度，小球快速地从管道里掉落了出来，哲哲高兴地对思思分享着自己的发现。

> 💡 观察幼儿操作，重述操作问题，允许幼儿尝试计划以外的想法。

> 💡 在幼儿遇到困难的时候，帮助幼儿回顾前期经验。

案例分析：

自主活动中，幼儿通过不断摸索得出小球轨道的不同拼法。遇到困难后教师鼓励幼儿借助周围生活中的材料，大胆尝试、操作，想出各种让小球通过轨道大桥的好办法。帮助幼儿丰富观察经验，培养幼儿战胜困难的勇气。

（班级：大二班　教师：张碧桐）

五、分析结果

（一）本阶段的游戏特点与价值

幼儿在游戏中基于已有经验及操作得出结论，但这些结论往往是零散的、片段的，甚至是片面的，因此教师需引导幼儿对这些结论加以分析并梳理，帮助幼儿形成完整的科学知识及经验，这些知识经验对于幼儿今后的学习将起到重要

的支持作用。值得一提的是：科学游戏更加注重幼儿自我经验建构的过程，所以教师在引导幼儿梳理相关经验时应更加关注幼儿在活动中是否获得积极的情感体验，而不是只关注活动的结果。所以幼儿要建立完整的科学经验，不仅需要幼儿自己反复地操作探究，还需要教师引导他们借鉴同伴的成功经验。

（二）教师重点观察的内容

1. 能否运用准确、有效的语言表达和交流自己在科学活动中的做法、想法和发现。

2. 学会用适当的方式表达自己在科学活动中的情绪体验。例如，体态、动作、表情等。

3. 学会用各种手段（图表、绘画、作品展览等）展示自己的科学活动成果。

4. 幼儿针对活动结果是否还有问题或是新的想法。

（三）幼儿的常见表现

1. 幼儿往往满足于自己的操作结果，停留在操作结果是否达到自己的预期，很少有幼儿对自己的结果提出质疑。

2. 当幼儿的操作结果达到自己的预期时他们往往愿意与他人分享自己的游戏经验，但如果没有达到自己的预期则不愿分享结果和提出新的问题。

（四）教师指导建议

1. 鼓励幼儿尝试用自己的方式记录活动结果，指导幼儿用科学语言与他人分享自己的行为。

2. 支持幼儿反思自己探究的过程和结果，但是教师不要把自己的经验强加给幼儿。

3. 帮助幼儿回顾探究过程，讨论自己的活动经过或是遇到的问题。

4. 引导幼儿分析问题的原因及下一步需要怎样做。

5. 教师以欣赏的眼光对待幼儿的每一次操作结果，不以成功或失败评价幼儿的活动。

6.将幼儿的探究结果进行梳理记录，帮助幼儿学会分析，并结合他们的原有经验指导他们在日常生活中运用这些经验。

案例：探秘不倒翁

大班小朋友快毕业了，孩子们想利用材料自制一些不倒翁玩具送给弟弟妹妹。美美先拿起了一个毛球，把毛球放在不倒翁里，发现不倒翁根本不能保持站立，又试用了开心果壳，发现也不行。她边试边看向我说："老师，我用了很多很多材料，都不行？""哇，用了这么多材料啊！"我说，"还有想用来试试的材料吗？"美美说："还想用小石头、磁铁……"我说："你能挑战这么多材料嘛，能记住用了哪些材料吗？"听我一说她立刻找来了一张纸，边试边记录。

整个活动区的小朋友们都在不断地尝试，区域活动结束时，我说道："谁想分享一下制作中的新发现？"多多说："我用了毛球、扣子、橡皮泥，发现都不行。"我说道："你发现这些材料都不能让不倒翁站起来对吗？"多多点点头，回答说："我把这些材料都放在不倒翁里面，一推它们都倒了，都站不起来。""哦，都站不起来。这些都是你发现的哦！"我重复道。旁边的琪琪听到了立刻说道："我用的橡皮泥就行。我把橡皮泥放在弹球底部时它就可以站起来。"我说："看来今天大家都有新发现。"这时美美说道："我刚开始只放了弹球，也站不起来，用螺丝母、开心果壳等好多材料都不行。"明明赶紧说道："我刚开始用螺丝母也不行，后来我用橡皮泥给他黏住，不倒翁就能

◆ 引导幼儿尝试用自己的方式记录活动过程及结果。

◆ 通过引导，帮助幼儿回顾探究过程，幼儿在用语言表达的过程中也在进行思维的整理。

◆ 重视幼儿真实的实验结果，不以成功或失败评价幼儿的活动。

摇摆了。"四位小朋友都分享了自己的实验过程和结果。我接着说："琪琪说用橡皮泥把螺丝母黏住就行。用扣子、毛球、开心果壳，或者只放弹球就不行，是怎么回事呢？"美美说："那肯定所有东西都得粘在不倒翁上才行。""你们觉得粘在哪合适呢？"我追问道。琪琪说："肯定是底部啊！"我说："哦？那你们打算怎么做？"美美说："我要把所有材料都黏上橡皮泥！"多多说："我要用好多的胶条黏上螺丝母放在不倒翁的底部。然后在不倒翁左边粘一个螺母，右边粘一个螺母。"我问："为什么这样？"。"因为胶条多就不容易倒！一边一个螺母才能平衡！"多多说道。我说："听起来是个很不错的办法，你可以试试！"随后幼儿又开始了一轮不倒翁大探秘。

> 🔶 通过对幼儿活动过程的描述，引导幼儿分析问题的原因

> 🔶 将幼儿的探究结果进行梳理，帮助幼儿学会分析结果，并让幼儿做好下一步活动的计划。

案例分析：

教师在孩子游戏之后没有急于给出答案，更没有用不倒翁的"成功"和"失败"去评价幼儿，而是鼓励幼儿分享自己的游戏体验，引导他们根据探究结果重新调整游戏计划，激发了幼儿自主探究的愿望。

（班级：大二班　教师：周辉）

六、游戏（生活）运用

（一）本阶段的游戏特点与价值

幼儿在游戏中获得的操作结论虽然经过了老师的梳理，但因幼儿在操作中往往只关注自己的操作结果，对科学游戏的核心经验及他人的结论或经验并没有深刻的认知，所以需要在生活或游戏中实际运用才能够逐渐转化为个体经验。

（二）教师重点观察的内容

幼儿是否能够将已有经验在游戏或生活中灵活应用。

（三）幼儿的常见表现

1.幼儿在游戏中，对于已经熟悉的科学知识或经验往往能够比较熟练地运用。

2.幼儿对于不熟悉的经验往往不会运用，在老师的提示下可能会唤起幼儿的记忆。

（四）教师的指导建议

1.提供相似但又不完全相同的材料，鼓励幼儿进行尝试并观察幼儿游戏的过程及结果。

2.幼儿若不能主动运用实验结论，教师可以启发式提问并帮助幼儿回忆相关科学知识的关键经验。帮助幼儿回忆梳理上一次的实验结果，引导其思考如何利用以前的结论。

3.分析幼儿不能将原有经验在生活中应用的原因，并帮助幼儿实现原有经验的迁移。

值得一提的是，游戏过程中教师要着重认真观察分析，不应过早地对儿童游戏下结论。本研究中的指导策略在实际运用的过程中还应考虑幼儿的年龄特点、个性特征及情绪特点等，及时观察幼儿是否符合主动探究的特征并随时调整指导策略。

案例：汽车城堡

今天，我把新收集的大小不一的奶粉桶放进了搭建区。一博和浩宇在搭建区用奶粉桶进行搭"汽车"城堡的游戏，城堡刚搭起来就听见"哗啦"一声。这时候俩人又开始重新搭城堡，刚搭到一半时城堡又要倒，这时候浩宇发现城堡要倒就用手扶着奶粉桶，只要他一动城堡就在动，于是我走过去对他们说："需要老师帮忙吗？"这时浩宇回答说："太高了，我们一搭高就倒。"我说："记得上次你们搭的也很高，并没有倒呀？上次是怎么做的呢？"一搏想了想摇摇头，我随手拿出前几天搭建的城堡照片。一博指着照片说："上次用的奶粉桶都是一样的，这次用的奶粉桶不一样。"我说："你们想再试一次吗？"一搏点点头，浩宇把扶着的奶粉桶都拿了下来。只见俩人开始把奶粉桶都平放在地上，一个一个地进行比较，认真地对比每一款奶粉桶的高度。把一样高的放在了一起，城堡很快便搭好了，一博和浩宇高兴地拍手。

🚗 将幼儿的探究结果进行梳理，帮助幼儿学会分析结果，并让幼儿做好进一步活动的计划。

　　第二天活动时，我又把最近新收集来的各式各样的桶和大小不一的纸板投放到了活动区。幼儿看到后非常的兴奋，又开始用新材料搭城堡。一博说："今天我们要搭一个比昨天还高的汽车城堡。"搭着搭着，搭到一定高度时房子总是倒，试了几次都不行，俩人开始摆弄玩了起来，我走过去说："我记得你们今天的计划是搭一个比昨天还高的房子，现在是遇到什么困难了吗？"一博说："老师我们搭着搭着就塌了。"我说："从哪塌的呢？"浩宇说："搭高了再往上放，桶就掉下去了。"我指着窗外的楼房说："你看这些楼房！"浩宇说："我要搭的汽车城堡也是一层一层的，能放很多汽车。"我说："听起来很不错，如果需要盖城堡的材料可以在班里自己找一找。"于是，浩宇和一搏在班里找到了大小不一的纸板："老师，这个行吗？"我说："你们可以试试！"由于搭建方法比

🚗 教师提供相似但又不完全相同的材料，鼓励幼儿进行尝试并观察幼儿游戏的过程及结果。

🚗 幼儿在反复尝试后仍然失败，教师适时介入分析幼儿不能运用原有经验在生活中应用的原因，并帮助幼儿实现原有经验的迁移。

较单一，只用奶粉桶搭建搭高了就倒，于是两个孩子选用了新的材料，浩宇拿过纸板比了比，最后盖在了城堡上。搭建时一层奶粉桶一层纸板，两个孩子选了合适的纸板一层一层地搭起来，很快高高的城堡就搭建起来了。

案例分析：

在活动过程中幼儿遇到了问题，教师帮助幼儿回忆相关的科学经验和成果，并且引导幼儿利用相关材料继续游戏。在幼儿掌握科学经验后，帮助幼儿迁移巩固经验知识，提供相似但又不完全相同的材料，鼓励幼儿进行尝试并观察。

（班级：小一班　教师：高洋）

第四节　幼儿探究科学游戏完整案例

科学游戏——"云霄"飞车

游戏背景介绍：

近期，孩子们开始了"汽车跑得快"的探索之旅，他们纷纷从家中带来了各式各样的小汽车，并喜欢拿着小汽车在斜坡上滑呀滑，喜欢用斜坡在建构区建停车场，这一过程中还经常会有新发现。没过多久，"云霄飞车"这一游戏出现在科学区域，更是激发了孩子们的探索兴趣，提高了幼儿自主解决问题的能力，教师也在这个过程中有了新的感悟。

案例一：比比谁跑的远

案例描述：

活动开始前，我向孩子们介绍了科学区域的新玩具——汽车总动员，里面不仅有各式各样的小汽车，还有三条近 5 米长的精致跑道。介绍完后，孩子们便迫不及待地玩起来。我身旁的果果突然说："这个坡上面都是小麻点呀，感觉路不平。"说完便拿起小汽车在跑道上滑了起来。果果边滑小车边继续说，"真的不平，感觉小汽车跑起来一颠一颠的。"紧接着芊芊说："我这边这条跑道特别滑，小汽车肯定滑得快。"我说道："有的轨道是粗糙的，有的是光滑的。小汽车在这两条轨道上跑起来有什么不同呢？"孩子们开

🚗 教师为幼儿准备丰富的游戏材料，支持幼儿随意摆弄，保护幼儿的好奇心。

始拿起小汽车在跑道上比较起来，重复了几次后，芊芊说："咱们一起比赛吧！"孩子们激动地拿起小汽车停在了坡的一端："预备，开始！"结果正像大家你猜想的那样，小汽车在"减速带"上下滑得很慢，在缎面坡上下滑得很快，小汽车在沙面坡上则滑着滑着就停了，孩子们连续比赛了很多遍，结果都是一样。

案例分析：

教师在活动中为幼儿准备了丰富的游戏材料和充分的感知操作机会，幼儿通过看、摸、比较、操作等方式发现三条汽车轨道的路面不同，有粗糙的、有光滑的，还有颠簸的，并且通过操作发现，小汽车在光滑面跑得快，在粗糙面相对跑得慢一些，很好地体验到了小汽车与坡面之间的关系，并能够用自己的语言表达出不同汽车在不同材质的坡度上行驶速度不同。

案例二：怎样连接呢？

案例描述：

牛牛拿来了一块条形积木摆放在了已经拼接好的积木板上，想让汽车能顺利地从房子开往停车场，因为要掌握好房子与停车场之间的高低距离，难度真是不小呢。虽然尝试了很多种方式，用高的、矮的、小块的拼接等，但都失败了。牛牛有些灰心地说："怎么连上呢？"这时 tiger 说道："一定是位置不对！"，其他小朋友听完，摆弄了一番后，开始尝试着一点点地挪动"公路"的位置。有的地方没有支撑，他们就试着在下面多放一块积木；有的地方连接不上，他们就换一下位置，一次次地尝试，直到达到他们的要求

🚗 幼儿根据自己的观察并结合已有经验，进行推想并尝试解决。

为止。这个过程持续了很久，终于在大家的齐心协力下斜坡搭建完成了。

在孩子们的帮助下小汽车滑下一个又一个的斜坡，可以从房子开到停车场了，大家高兴极了。可是，小汽车每到最后一个下坡路总是会掉下来，我问道："小汽车总是在最后滑下来，这是哪儿出现了问题吗？"孩子们皱起了眉头，过了一会儿tiger说道："小汽车跑下来速度太快了，容易跑偏。"文文说："好像是这么回事，那我们可以加个护栏，挡住汽车就不会掉下去了。"听了文文的建议，大家又继续开始了尝试……

案例分析：

在活动中，教师以同伴的身份陪同幼儿游戏。在观察幼儿游戏行为的同时，鼓励幼儿大胆提问并自主解决问题；当幼儿发现不了问题时，教师以同伴身份适当提问，引导幼儿发现并解决问题，充分保护幼儿的好奇心与探索欲，并促进幼儿主动探究的能力。

案例三：我想试一试

案例描述：

班里有了新玩具——云霄飞车，孩子们都迫不及待地想要尝试一下，尝试之前，我给孩子们大概介绍了玩具的各组成部分。当我拿出盒里的玩具，牛牛惊讶地说："轨道太长了！"大辰说："这条轨道这么长，需要很大的地方，我们在哪里实验呢？"孩子们在班里找寻了好久，美工区、科学区、建构区……觉得都不合适。庆庆说："不如我们在班里中间那块儿地方

> 🚗 1. 当幼儿自己发现不了问题时，教师可以以同伴的身份提问，并通过提问引导幼儿自主地去发现、解决问题。
>
> 2. 教师提问数量不宜过多，避免过度提问影响幼儿的探究热情。

> 🚗 幼儿能够根据自己的原有经验判断轨道可以挂的地方，观察能力强的幼儿能判断出行为的结果。

玩吧，没人打扰我们。"大辰说："不行，没有地方挂这条轨道，汽车跑不下来。"看孩子们很着急，我说："你们也可以不在班里，去外面找找看啊？"说完，孩子们兴奋地往外跑，tiger边跑边说："去楼道，去楼道！"我说："这个主意不错，在楼道不仅能将轨道挂在门上，还没有人打扰。"就这样，孩子们去楼道开始了组装……

过了一会儿，大辰说："老师，我们一起给它挂到墙上。"Tiger说："老师，我可以让它变长、变直。"大辰说："咱们挂高一点，汽车能滑得远。"说完，他们默契地开始分工合作，一个忙着拉直轨道，一个忙着建弯道。大辰边拼接边喊道："轨道的每个边都要卡死。"Tiger说："大辰你那里完成了吗？我这边要连接了……"。

🚗 教师对幼儿的想法进行赞许，在保证探究环境安全的情况下支持幼儿按照自己的假设进行自主探究。

案例分析：

在幼儿寻找地点、猜测的过程中，教师给予幼儿宽松的探索氛围，允许幼儿按照自己的假设进行尝试，或尝试计划以外的想法，比如轨道是否可以挂在班里、挂在楼道。教师的支持不仅要表现在态度上给予支持，还应提供安全的探究材料和探究机会，支持幼儿按照自己的假设进行自主探究。

案例四：轨道建成了

案例描述：

轨道建成了，有两个弯道，不仅很牢固，还能满足小汽车飞跃转弯，我比孩子们还要兴奋，很期待他们的比赛结果。果然，小汽车在孩子们放上去后飞快地滑下轨道，并且顺利地绕过了一个弯，结果太让我惊讶了，因为在我之前尝试了很多次后，都没有想到他们的这种搭法，从而导致不成功。大辰："tiger我们来比赛吧！"Tiger："好啊，咱们同时撒手。"比赛开始，当两辆车同时下滑绕过弯时，大辰说："tiger没有我的跑得远，因为我的车没有脱离轨道。"tiger笑了笑说："是啊，那咱们再比一次。"，就这样，比赛愈发的激烈，可是似乎总是有辆小汽车会脱离轨道，孩子们也蹲下来开始思考了……

"你们觉得问题出在哪里了呢？"我问。

"咱们把汽车放低一点开始吧。"大辰说。

又一次比赛开始了，孩子们的兴致高涨，许多小朋友都来围观，这时听到一个声音"弯道那里需要调一调啦！""好啊，赶紧试试吧。"就这样，在大家的共同努力下，孩子们找到了问题的根源，不仅是要调整汽车下滑的位置，还应该调整弯道的角度，这样一来，汽车才能在轨道上走得越来越远。

比赛如火如荼地进行着，问题又出现了，这次发现小汽车虽然还是在一样的起跑线起跑，但总是走不了很远，孩子们也开始琢磨起来，突然tiger说："因为大斜坡没有了，它变直了。"说完，孩子们就开始维修起了建造的轨道，tiger扶住门上的一端，防止轨道滑下来，大辰则移动弯道的位置，以便加大坡度，就这样"大斜坡"再次出现了，小汽车又能顺利出行了……

🚗 教师观察幼儿游戏中遇到的问题，并及时提问带动幼儿思考。

🚗 幼儿能够观察出坡道存在的问题，并进行思考，及时调整坡道的位置。

🚗 幼儿能够观察出坡道存在的问题，并进行思考，及时调整坡道的位置。

案例分析：

幼儿在提出假设后开始进行尝试，过程中也遇到了很多问题并进行了思考、调整，例如：为什么总有汽车脱离轨道？——调整汽车下滑位置和弯道角度；为什么汽车总跑不远——斜坡变没了，进行维修。可见教师在此环节需提供更充分的探究机会，才能帮助幼儿更加发散思维，自主思考。

案例五：我来设计轨道

案例描述：

上一环节，经过孩子们反复地尝试、思考、调整，小汽车终于能够在斜坡上顺利出行了。在新一次的区域游戏中，孩子们选择继续研究云霄飞车，游戏一段时间后，我问道："你们的轨道建造完成了，如果有小朋友也想玩，怎样可以知道如何搭建呢？""我可以教他。""我可以和他一起玩！""我可以给他画出来。"孩子们你一言我一语地说着，"我觉得你们都是优秀的设计师，老师也很期待你们设计的作品。"说完，tiger 兴奋地去美工区拿来了纸和笔开始画了起来，只见他画了一条挂在门上的长长轨道，"好啦，我设计好了，老师您看！"只见轨道平滑且直。这时，大辰正在调整轨道的弯道，tiger 灵机一动说："对了，我还可以设计有弯道的轨道。"说完又继续画了起来。

🚗 教师引导幼儿尝试用喜欢的方式记录活动结果，并与他人分享。

🚗 幼儿能用绘画的方式展示自己设计的轨道。

案例分析：

在轨道初步搭建成功后，孩子们满足于自己的操作结果，教师应在支持幼儿游戏的同时，引导幼儿继续深入研究并学会梳理。例如，引导幼儿记录操作过程、引导幼儿分享游戏经验等，最终形成幼儿自身的知识财富。

案例六：生活中的运用

案例描述：

活动开始了，孩子们设计了各式各样的轨道，有平滑的、有带一个弯道的、有带两个弯道的……但孩子们突然停止了探究的脚步，孩子们发现，每当小汽车行驶到弯道时总是停下来，于是开始思索起来……这时到了区域点评时间，我带孩子们欣赏了一些图片，例如，从高处向下运物，汽车行驶山路、残疾人坡道等。我问孩子们："你们发现了什么？"孩子们回答："这些图片里好多都要用斜坡，这样运东西比较快。"我说道："斜坡在我们生活中有很多的用处，可以帮助我们做很多事情。"孩子们明白了，当小汽车行驶到弯道时，可以利用斜坡解决问题，在下一次游戏时间，孩子们开始尝试调整斜坡角度，使小汽车行驶过弯道了……

1. 幼儿对于不太熟悉的生活经验往往不会运用，但在教师的提示下可以回忆起相关经验。

2. 教师向幼儿提供生活中相似的经验，鼓励幼儿进行思考，并将经验运用到游戏中。

案例分析：

生活中的一些经验往往幼儿不会运用或是很难回忆起来，这时就需要教师在适当时机去启发、提示幼儿，并带动幼儿将经验运用到游戏中，提高幼儿解决问题的能力。

（教师：史晓爽　班级：大三班）

让时间可视——种子计时器的创意

游戏背景介绍：

在一日生活的游戏中，幼儿非常喜欢用沙漏来计时游戏，比如记录 1 分钟跳绳的个数，3 分钟挑战拼图等。为了满足游戏计时的需要，幼儿会自主寻找材料，与同伴一起尝试制作自己喜欢的计时器。在"种子计时器"的制作过程中，幼儿不仅自主探索孔洞的粗细、种子颗粒大小及容积等因素对时间的影响，还会在操作的过程中与同伴合作交流，遇到问题不退缩，使分析问题和解决问题的能力得到提升。

案例一：沙漏大比拼

案例描述：

区域活动开始了，齐齐和方方来到科学区想玩沙漏，有绿豆沙漏、彩砂沙漏、小米沙漏等好几种材料制作的瓶子沙漏，自制沙漏的瓶盖连接处还进行了双层密封，沙漏结实坚固。齐齐指着自制沙漏瓶子上的数字问："老师，这些数字是什么意思呀。"我对他们说："你们猜一猜，动手试一试，看一看这些数字到底是什么意思吧。"

方方说："我觉得数字越小就是谁越快。"齐齐说："咱俩今天来玩沙漏吧，比赛谁的沙漏快。"齐齐一边说一边拿起一个28秒的小米沙漏，方方拿起一个15秒的绿豆沙漏，两人同时把瓶子倒过来。结果发现，绿豆很快就流完了，接着小米沙漏也流完了。方方说："咱俩的都很快，我的最快。15比28小，就是绿豆沙漏比小米沙漏流得快的意思。"齐齐不服气："老师，刚才他先倒过来的，这次您看着我们俩比赛吧。"方方说："行，贾老师在旁边看着，这次我喊一二三开始，咱俩同时倒过来。"又比试了一次，还是绿豆先流完。

齐齐有些生气了，气冲冲地说："我的沙漏里的

教师为幼儿提供丰富的便于操作的材料。

面对幼儿的问题，教师不直接给出答案，引导幼儿主动探究、动手操作，为幼儿提供充分观察和感知沙漏的机会。

幼儿通过反复的动手操作，比较两个沙漏的流速。

小米少，应该先流完的。"老师说："你观察得很仔细，你的沙漏里的小米比他的沙漏里的绿豆少。我们一起再来仔细观察一下这两个沙漏，看看这两个沙漏还有哪些不同。"齐齐拿着两个沙漏反复看，反复倒置了几次。突然他开心地笑了，原来他发现了沙漏的秘密：小米沙漏瓶盖上的孔比绿豆沙漏上的孔小，所以流得稍微慢一点儿。为了验证自己发现的这个秘密，他和方方一起把瓶盖拧下来，两组瓶盖放在一起对比，发现绿豆沙漏的孔比小米沙漏的孔大了一圈。

⌛ 保证充足的探究时间，支持幼儿通过对比观察，多次尝试，探究影响沙漏流速的因素：流体量的多少、瓶盖上孔洞的大小。

案例分析：

在活动中，教师不仅为幼儿提供了丰富的、便于操作的材料，还为幼儿提供了充分观察和感知沙漏的机会，保证幼儿有充足的探究时间，感知沙漏现象。幼儿通过观察、比较两个沙漏比赛，发现沙漏流速快慢与瓶盖上孔隙的大小有关，体验到了探究沙漏的快乐。

案例二：什么问题都难不倒我

案例描述：

今天，天天想制作一个1分钟的绿豆计时器放在益智区，等玩数字华容道游戏的时候用来计时。他邀请洋洋一起来制作，洋洋说："我没玩过，不知道怎

么做。""没关系，我昨天玩过沙漏我知道，咱们俩一起制作吧。"随后继续对天天说，"你先去柜子里找几个打好孔的瓶盖连接器，然后到柜子旁边的纸箱那里找两个一样的塑料瓶，我去拿绿豆、漏斗、托盘和计时器。"

装了满满一瓶绿豆后，天天用连接器将另一个空瓶子和装满绿豆的瓶子连接上，将绿豆倒放过来，发现绿豆却不往下漏！原来，连接器的孔太小了。"老师，这个孔太小了，怎么能把孔钻大一点儿啊？"为了幼儿的安全，老师拿起剪刀，将剪刀插入瓶盖上的小孔处，双手紧握剪刀的把柄，用力旋转了几圈，给幼儿进行了示范，将瓶盖上的孔钻大了一些。然后连接好两个瓶子，再倒置，绿豆还是不往下漏。教师引导幼儿反复进行尝试，几次后，绿豆终于能往下漏了。

绿豆计时器做好了。经过测量，这个绿豆计时器的时长为30秒，距离1分钟还有一小段时间，怎么办呢？天天又找来了两个大瓶子，装入了更多的绿豆，经过多次测量，终于制作好了一个1分钟的绿豆计时器。

案例分析：

幼儿通过亲身体验，在制作计时器的过程中不断发现问题、分析问题，并尝

⏰ 洋洋第一次接触沙漏，提出的问题属于常识了解型，主要是针对沙漏制作需要的活动材料和制作过程进行提问。

天天有操作沙漏的初步经验，直接进入了自主解决问题的阶段。

⏰ 当幼儿不会正确使用工具时及时介入，通过示范的方法教会幼儿安全使用工具的方法。

试自己解决问题。运用各种感官，动手动脑，体验探究的乐趣。这里教师的角色自始至终都是一位观察者和欣赏者。基于此，教师不仅为幼儿提供了自主探索的物质环境，也为幼儿创设了一种平等自由的人文环境，使幼儿能自由表达和交流。

案例三：你的猜想我来验证

案例描述：

今天区域游戏，嘉嘉和欣欣想用小米制作一个三分钟的计时器放在盥洗室，让小朋友计时刷牙，保证刷三分钟，这样牙齿才能保护得更好。

在昨天的区域活动时间，嘉嘉已经用小米和 500 毫升的矿泉水瓶制作了一个 1 分钟的计时器，放在益智区让小朋友使用。老师问嘉嘉："你们今天想用什么材料制作呀？"嘉嘉说："我觉得只要用大瓶子就行，我带来了两个大瓶子（2.5 升）。""那你们快去动手试试吧，老师期待你们成功哟。"

⏰ 教师对幼儿的想法及时给予鼓励和支持。尊重幼儿的想法，支持他们按照自己原有的假设进行尝试。

不到五分钟，一个小米沙漏就连接好了。通过测量，发现小米从上面的瓶子全部流入下面的瓶子，只需用时 1 分钟！"我去找点小米。"欣欣赶忙在科学区域找了一遍，嘀咕着："没有小米了，怎么办呢？"嘉嘉托着腮帮子认真看着他们做的小米沙漏，然后又用手比画了几下，若有所思地对欣欣说："不要找小米了！即使有更多的小米，用这个瓶子也做不出来 3 分钟的沙漏。"

听到嘉嘉的话，我很吃惊，连忙问："你怎么知道的呢。"

⏰ 针对幼儿的发现提出问题，引导幼儿深度思考，尝试用自己的语言描述探究的结果。

嘉嘉指着瓶子说："我们现在装了快半瓶的小米了，才1分钟，再装入这么多的小米，能制作2分钟的沙漏，加上瓶口那部分，最多2分钟30秒。有再多的小米，用这个瓶子也做不出3分钟的沙漏！"欣欣听完有点儿明白地点了点头。

看到嘉嘉这么爱思考，逻辑思维能力这么强，老师做了进一步的引导。"嘉嘉，你推测得很对。那么，现在小米的量不变，就瓶子里的这些能不能通过改变其他因素，做成一个三分钟的计时器呢？比如，在保证小米能流下来的同时，将瓶盖上的孔稍微变小一点儿，这样流速慢一些，做一个三分钟的计时器呢？"嘉嘉想了想，说："嗯，瓶盖上的孔小一点儿，就会流得慢了，明天我们再试一试。"

⏰ 对幼儿的表现老师及时给予肯定，同时也可适时提出新问题，激发幼儿的探究欲望，帮助幼儿完善经验，探究影响时间长短的所有因素。

案例分析：

在这个活动中，两个小朋友的计划是做出一个3分钟的小米沙漏，但最终没有成功。教师一直关注幼儿探究的过程，而非任务是否最终达成。在活动中，教师支持幼儿按照自己的假设进行自主探究，提供安全的探究材料，并保证充裕的探究时间。教师的支持不仅体现在态度，也体现在尊重幼儿按照自己的假设进行尝试的探究需要，不干预幼儿的主体活动。

案例四：我的沙漏与众不同

案例描述：

今天程程和芘芘两个男孩来到科学区，跟老师说他们要制作一个跟别人不一样的沙漏，不用塑料瓶，要用两个漏斗进行制作。程程先用宽胶条将两个漏斗的导管

末端对接固定。芃芃找老师说出自己的疑问："用什么东西可以封住漏斗口呢？"老师说："你们在活动区里找一找，看看哪些材料能用。"程程找来一张硬卡纸，将漏斗口放在硬卡纸上，用手紧紧摁住漏斗，芃芃用铅笔沿着漏斗边缘画一个圆。程程拿起剪刀沿着画的线就开始剪。芃芃按照刚才的方法，又剪了一个圆片。

⏰ 认真对待幼儿提出的问题，不直接给出答案，鼓励幼儿自主发现，自主解决需要的材料问题。

两个男孩用宽胶带将剪好的一个圆片密封住漏斗口，然后装入蓝色的彩沙，再用另外一个圆片封住另一个漏斗口，一个蓝沙漏就做好了。当两个男孩用计时器测量自制沙漏的时间时，发现沙子从圆片和漏斗口连接的地方撒出来了。

区域活动结束后，教师组织小朋友一起讨论，帮助芃芃和程程解决这个与众不同的沙漏漏沙子的问题。

老师先请芃芃和程程给大家完整地介绍了一遍制作的过程和遇到的问题，然后请其他小朋友自由发言。

⏰ 帮助幼儿回顾探究过程，讨论自己在活动中遇到的问题。引导幼儿分析问题出现的原因及下一步需要怎样做。

牛牛提出，用双面胶粘贴圆片，将双面胶揉成条状，放在漏斗的边缘上，就能完全密封。

瑶瑶说："透明胶带应该多缠几圈，就不漏了。"

琳琳说："用胶棒粘贴会特别结实，我剪的小人就是用胶棒粘贴在纸上的。"

萱萱说："剪的圆要能盖住漏斗口，如果盖不住，就会漏沙子。"

教师也给出建议，如何粘贴圆片是制作的难点，那么可以用热熔胶枪。并给幼儿介绍了热熔胶枪的使用方法和注意事项。特别强调，热熔胶枪的端口在使用过程中不能用手摸，刚流出的胶很热，小朋友不能碰。

经过讨论，大家对于漏沙子这一问题的解决办法是，首先要将封底的原片剪得圆一些，比漏斗口的边缘稍微大一圈；其次固定圆片，可以尝试用双面胶或热熔胶枪固定。

最终，在教师的帮助下，用热熔胶枪固定好了圆片和漏斗口，孩子们终于成功地用漏斗制作出了一个彩沙沙漏，还有小米沙漏和绿豆沙漏。

案例分析：

在本案例中，充分体现了大班幼儿勇于挑战的特点。幼儿积极参与，探究兴趣持久。在制作过程中不断发现问题、分析问题、自主解决问题，在动手动脑的操作中积累了丰富的经验。

初步尝试中幼儿出现的问题是教师早已预料到的，但在幼儿操作的过程中教师没有干预，而是让幼儿自己发现，并利用集体分享的环节激发所有幼儿的兴趣，积极参与讨论，引发大家的思考。通过讨论，分享不同的观点，幼儿的经验不断得到丰富，语言表达和科学思维的能力也得到了不同程度的提升。

教师提供热熔胶枪的支持，为幼儿的后续探究提供了有力保障。如果幼儿反复尝试，仍不能解决漏沙子的问题，幼儿就无法体验到成功的喜悦，探索活动可能就自动终止了。

纵观以上几次探索活动，教师不仅作为幼儿的支持者，更是作为幼儿的合作

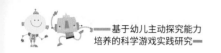
伙伴，正是教师和幼儿一起共同参与完成了计时器的制作。

基于本案例活动，对科学探究有了如下的两点思考：

一、材料是科学探索的载体。围绕一个主题，通过提供不同的材料，可以开展一系列的科学探索活动。例如，制作计时器，材料可以从两个角度考虑。

1.容器。带盖的塑料瓶、减去底部的带盖塑料瓶、透明纸杯、漏斗或其他的瓶瓶罐罐等。

2.流体。固体类：沙子、彩沙、食盐、白糖、面粉、小米、绿豆、黄豆等；液体类：水、植物油。

二、问题是科学探索的动力。在游戏中，教师善于引导幼儿对感兴趣的事物进行持续仔细地观察，鼓励幼儿提出问题。当幼儿不能发现问题时，教师可以以同伴的身份提出问题，促进幼儿深度探究。在操作的过程中，观察幼儿的行为，认真对待幼儿遇到的问题，对幼儿提出的问题保持好奇，但不急于给出答案，鼓励幼儿根据自己的猜想和方案进行探究。活动结束后，帮助幼儿整理概括自己探究的结果，与幼儿一起回顾探究过程，讨论自己的活动经过或是遇到的问题，引导幼儿分析问题的原因及下一步需要怎样做，不断丰富幼儿的经验，并指导幼儿在日常生活中运用这些经验。

（班级：大三　教师：贾春芹）

附录 1: 科学游戏三级目标

一级目标	1. 对周围的事物、现象感兴趣，有好奇心和求知欲。 2. 能运用各种感官，动手动脑，探究问题。 3. 能用适当的方式表达、交流探索的过程和结果。 4. 能从生活和游戏中感受事物的数量关系并体验到数学的重要和有趣。 5. 爱护动植物，关心周围环境，亲近大自然，珍惜自然资源，有初步的环保意识。
二级目标	能感知事物的主要特征、喜欢动手操作探究问题，尝试用多种方式表达想法。
三级目标	**小班** **一、情感态度** 1. 喜欢接触大自然，对周围的事物和现象感兴趣。 2. 经常问各种问题，有好奇心，乐于感知和摆弄常见事物（自然物和人造物）。 3. 喜欢探索，积极运用多种感官感知周围事物，对常见事物、现象及变化充满探究欲望，喜欢参与科学探究活动。 4. 喜爱动植物，注意周围自然环境的明显变化，能在成人的感染下关心和爱护动植物。 5. 在日常生活和游戏中，关爱动植物，愿意参加饲养小动物、给植物浇水等活动。 6. 愿意关注自己身边的环境，在教师引导下知道废弃物放进指定地点、便后冲水等，有初步的环保意识和行为。 **二、经验知识** 自然： 1. 认识常见的动植物及自然物，能注意并发现周围动植物的多样性、独特性以及自然物的简单属性。

2.初步了解和体会动植物和人类的关系。

事物现象：

1.能感知和发现物体和材料的大小、薄厚、软硬、光滑和粗糙等特征，知道某些物质和材料可以变形。

2.能感知和体验天气对自己生活的影响。

3.初步认知常见生活用品的用途及与人的关系。

4.感知并认识白天、黑夜、早晨、晚上。

5.对生活中各种声音感兴趣，尝试探索身体、自然界、乐器等发出的声响，初步感知对比声音的强弱、高低和快慢。

6.感知四季最明显的特征以及下雨、下雪等自然现象，认知天冷了多穿衣服、热了少穿衣服等人与周围环境的关系。

7.初步感知和探究物体的性能、特征及物体运动方式（滚、转、停等），及人们对物体的作用方式（推、拉等）。

8.感知沙、水的特征，体验事物简单的量的特征。

9.初步知道日常生活中常见的现代化科技生活用品(声控灯、遥控电视等)。

三、方法技能

1.观察：对感兴趣的事物能仔细观察,发现其明显特征(大小、颜色、形状、软硬、粗糙、光滑、滚、转、停等)及人们对物体的作用方式（推、拉等）。

2.探索：能用多种感官或动作去探索事物，关注动作所产生的结果。

3.分类：学会根据一个或两个特征从一组物体中挑选出所选物，进行分类。

4.表达：能以多种形式（语言、动作、艺术等）自由表达自己的想法以及操作活动中的感受和发现，愿意与成人或同伴交流。

5.工具使用：学习使用常用工具或材料的简单方法，能参与简单的操作活动。

中班

一、情感态度

1.能主动参加科学活动，喜欢探索周围自然界中的新事物，并经常问一些与新事物有关的问题。

三级目标

三
级
目
标

2.观察、探索周围常见事物（动植物、自然物等）、现象（天气、颜色变化、沉浮、磁铁吸铁等）以及变化的简单规律，并乐在其中。

3.乐于合作探究，有初步的合作意识和能力，并与他人分享探究成果。

4.主动感知生命、亲近自然。知道关心、爱护动植物和周围自然环境，具有初步的环保意识。

5.能对身边的事物、现象大胆猜想和主动探究，并从中感受快乐。

6.愿意与他人分享观察、探索的乐趣。

7.用多种形式表现、交流探索的过程与方法，分享探索的快乐。

8.感受科学技术对生活的影响，对科学活动感兴趣，崇敬科学家。

二、经验知识

自然：

1.能感知和发现动植物的生长变化及其生存基本条件，积累一些简单的照料动植物的方法。

2.获取有关自然环境中动植物及沙石水等无生命物质与人类关系的具体经验，了解不同环境中个别动植物的形态特征和生活习性。

3.观察常见的自然现象，获取感性经验。

事物现象：

1.能感知和发现简单物理现象。例如，物体形态或位置的变化。

2.能感知和发现常见材料的性质或用途。

3.感知磁铁、石头、泥土、空气等的特性及颜色变化，物体的溶解和沉浮等现象，并能根据某些现象进行初步的猜想。

7.能感知和发现不同季节的特点（春暖花草树木生长、动物复出，夏热树木花草茂盛，秋凉收获各种果实，冬冷动植物冬眠、水结冰），感知和体验一些天气现象（风、沙尘、雨、雪），初步体验季节变化与动植物以及人类生活的关系。

8.在日常生活和游戏中，体验和理解昨天、今天、明天的含义。

9.获取周围生活中常见的科技生活用品（微波炉、榨汁机、录音机、洗衣机、空调等），初步感知这些用品与人类生活的关系，知道科技产品有利也有弊。

三级目标

三、方法技能

1. 猜想：能对身边的常见事物、现象大胆猜想，主动利用各种材料进行简单的探究。

2. 提问：能根据观察结果大胆提出问题，并大胆联想和猜测问题的答案。

3. 连续观察：能观察和比较周围事物，能对某些事物进行连续的观察，能发现事物或现象的差异和变化。

4. 观察比较：学会观察比较不同物体或同类物体的特征。

5. 比较：运用比较的方法进行科学活动，感受比较的过程和结果，获得初步的比较能力。

6. 交流：能用较完整的语言客观描述自己的发现，并能与成人或同伴交流。

7. 交流分享：用多种方式（图表、绘画、作品展览等）表现、交流和分享探索与发现的过程、方法以及科学活动成果，并与他人分享观察、探索的乐趣。

8. 表达：能够发现环境中一些美或不美的现象（喧闹、安静、脏乱、整洁等），并能够谈论它们，有自己的感受和见解，还能在教师的引导下有维护环境美观整洁的行为（把垃圾扔到指定的地方等）。

9. 调查：能通过简单调查收集信息或证据。

10. 记录：能用图画或其他符号进行记录。

11. 制作：运用简单工具进行制作。

12. 工具使用：会用各种常见材料（纸、木、布、塑料、颜料、废旧材料等）和工具（剪刀、尺子、漏斗、筛子、各种容器等）进行简单的尝试和探索。

大班：

一、情感态度

1. 喜欢猜想和尝试，爱思考、爱提问，积极回答问题。对自己感兴趣的问题总是刨根问底，敢于表达自己的真实想法。

2. 对科学活动感兴趣，喜欢并能较长时间地参与科学活动，能经常动手动脑寻找问题的答案，崇敬科学家。

3. 体验探索、发现的快乐，并能从中获得自信，有所发现时还会感到兴奋和满足。

三级目标

4.能主动探索周围自然界，发现问题、提出问题、寻求答案，懂得顺势而为。

5.在观察、比较、探究以及解决问题的过程中养成细心、专心、耐心、坚持、不怕困难等品质。

6.能够实事求是地公开自己的观点，客观、公正地对待与自己不一样的见解或答案。在科学活动中敢于表达自己的真实想法与看法。

7.知道与他人交流，尊重他人的观点和经验，分享探索和发现的快乐。

8.通过观察和欣赏等活动，体会大自然的美与奇妙（色彩缤纷、自然形态、数量化特征等），热爱大自然。

9.亲近自然，感知人、动物、植物之间的依存关系，爱护动植物，喜欢照料动植物，有初步的责任感，主动感知并珍惜生命。

10.关注周围环境，感知环境状况对动植物生存的重要性，有初步的环保意识。

11.通过幼儿生活中所接触和了解的各种事件（浪费水、河流被污染、乱砍滥伐、沙尘暴、乱扔乱放垃圾等）理解环境保护的意义，懂得爱护环境，有相应的环保行为。

二、经验知识

自然：

1.初步感知动植物的多样性，体会人与动植物、其他动物与动植物之间的依存关系，能简单了解动植物的外形特征、习性与生存环境的适应关系。

2.初步了解人们的生活与自然环境的密切关系，知道尊重和珍惜生命，保护环境。

3.主动参加饲养小动物和种植植物的活动，在活动中学习一些简单的劳动技能，自觉爱护动植物。

4.在各种活动中，感知适宜的环境对动植物的重要意义，特别关注水、空气、土壤的清洁，感知它们对动植物生存的重要性。

事物现象：

1.能发现常见物体的结构与功能之间的关系。

2.能探索并发现常见的物理现象产生的条件或影响因素。例如，影子、沉浮等。

3.感知和主动探索可接触的简单的物理现象，喜欢玩声、光、电、磁、颜色变化、物体沉浮等游戏，体会周围事物、现象的特点和变化规律，发现事物之间的关系。

4.感知并了解季节变化的周期性，知道变化的顺序。

5.感知四季对动植物生长、变化及人们衣着、生活的影响，观察不同的天气现象（风、沙尘、雨、雪、雾等），发现它们与四季的关系，主动想办法适应天气的变化。

6.在日常生活中，了解风、电、水、太阳等对人的益处和危害，初步体会事物的变化及其两面性。

7.初步了解周围的服务设施及功用。

8.初步了解周围生活中环境污染的现象和人们保护生态环境的活动。

9.认识常见科技生活用品(VCD机、CD机、烤箱、电脑等)，初步知道其功能及用途，能对简单的用品进行操作，并能初步理解科技给人们生活带来的正面与负面的影响。

三、方法技能

1.观察：能通过整体观察或细节观察、比较性观察或连续观察与分析，发现并描述不同种类物体的特征或某个事物前后的变化，尝试进行简单的分类、概括。

2.观察：能连续观察生物的生长变化特点和规律，发现引发生物变化的基本条件。

3.观察：能观察生物、物体、事件的特征，相同点、不同点、结构及发生的变化，建立各特征之间的联系，并进行记录。

4.计划：在成人的帮助下能制订或设计简单的调查计划（实验方案）并执行。

5.记录：学习用多种方法（实物记录、录音、绘画、模型、照片、数字、图表或其他记号等）对感兴趣的事物或操作实验过程、结果或经验进行记录。

6.交流表达：探究中能与他人合作并交流讨论，能用语言与成人或同伴交流自己的发现、探索过程和方法，表达存在的问题和自己的愿望。尝试整理、概括自己探究的成果。

7.合作分享：积极参加小组讨论和探索，有合作学习的意识和能力，学

三级目标

习用多种方式（语言、图画、动作等）表现、交流、分享探索的过程、经验和结果。

8.推测：发现事物之间明显的关联，推测和推理简单的因果关联、条件与结论。例如，根据常见物质、材料的特征和物体的结构特点，推测和证实它们的用途。

9.验证：能用一定的方法验证自己的猜测。

10.解决问题：大胆提出问题，积极猜想，收集信息，尝试实验和解决问题。

11.创造：通过联想与想象建立事物之间的新联系，进行简单创造和发明。

12.制作：学习使用常见科技产品的方法，运用简单工具和多种材料进行制作活动，能够发现物品和材料的多种特性和功能，并能表现出一定的创造性。

13.使用工具：喜欢参加科学小实验，学会初步选择和使用与实验探究有关的材料（铁、塑料、布、干电池等）与工具（温度计、量杯、天平、放大镜、尺子等），在实验中积极思考与尝试。

14.使用工具：在生活和各种活动中，学习使用常用工具（订书器、打孔器、曲别针、涂胶器、小锤子等），体会人的聪明智慧，并能积极地进行大胆想象。

15.选择工具：在收集、设计和连接活动中，会选择所需要的工具和适当的方法。

16.发展思维：在日常生活中，通过连续观察，探究事物变化的简单原因和规律，尝试学习简单的推理，发展思维能力。

三级目标

附录2：幼儿园各年龄段科学游戏课程设置

	时间	课程内容	指导要点
小班	9–10月 10–11月	沙水游戏	能够运用多种感官，感知物体的大小、颜色、形状、软硬、粗糙光滑等特性
		好玩的泥	
		摸箱游戏	
		漏斗游戏	
		筛子游戏	
	11–12月	传声游戏	感知物质现象——声音
		响筒游戏	
	3–4月	风车游戏	感知风车转动与风的关系
		纸飞机	
	4–5月	好玩的球	感知球会滚动、转动等基本特征
		轮子转转转	
	5–6月	玩水游戏	感知水的基本特征
	种植园	收蔬菜	收获菜园中的蔬菜
		摘果子	收获园内树上的水果
		捡落叶	感知落叶的不同
	自然角	果实娃娃	1. 喜欢观察并照顾动植物； 2. 能自由表达自己的感受以及操作活动中的发现； 3. 初步懂得爱护动植物
		水泡植物	
		自选种植	
		养殖蜗牛、小乌龟、小鱼等	
	9月	自制泡泡工具	感知不同形状的吹泡泡工具与泡泡形状的关系
		水上莲花	探究与莲花转动有关的条件
	10月	自制陀螺	尝试用多种材料制作陀螺，感受陀螺的特征
		陀螺大比拼	

	11 月	磁铁宝藏	了解磁铁的特点，能够依据磁铁的特点解决生活和游戏中的问题
		营救动物	
		磁力小车	
	12 月	轨道系列游戏	探索轨道游戏的规律，利用规律解决生活中的问题
		玩雪游戏	
	3 月	自制风筝	探索空气与物品的关系，感受游戏的乐趣
		制作风铃	
	4 月	我和空气做游戏	感知空气的特性，感知空气游戏的乐趣
		好玩的降落伞	
		空气大炮	
中班	5 月	色彩游戏	感知混色游戏的乐趣，发现三原色混合后的变化
		打电话	尝试自制电话，感受不同材料传声的效果不同
	6 月	好玩的沉浮游戏	感知水的特性，理解浮沉、溶解等现象
		溶解游戏	
	种植园	收获果实	收获菜园中的蔬菜
		收菜啦！	收获园内树上的水果
		美丽的秋天	感知四季的基本特征，学会根据天气变化选择衣服和活动
		清凉的夏天	
	自然角	不一样的果实它们的根（叶子）一样吗？	1. 喜欢观察并照顾动植物，发现植物的不同和相同； 2. 知道春天是种植的季节，了解植物生长的基本条件，感受植物的攀爬现象，发现其中的规律，会记录植物的生长变化； 3. 初步学会养殖动物的方法，懂得爱护动物
		春季种植：会爬的植物	
		养殖蜗牛、小乌龟、小鱼等	

大班	9 月	神奇的光影游戏	感知光影的关系，可以根据原理自主设计光影游戏
	10 月	好玩的镜子	感知不同镜面与影像的关系
大班	11 月	有用的工具	认识并会使用常见工具
	12 月	冰雪游戏	感受冰雪的特点，体会事物之间可以相互转化
	3 月	奇妙的电	感知电的基本特征，会根据需要自主设计简单的电路玩具，解决生活中的问题
	4 月	小机械做大功	认识简单机械，了解其原理并在生活中运用
	5 月	好玩的科学实验	自主收集科学实验与同伴分享，感受科学活动的严谨
	6 月	生活中的科学	能够利用科学活动原有经验解决生活中的问题
	户外及种植园	丰收乐园	感受秋天的美，了解不同蔬菜和水果的生长方式不同，知道它们吃的部位也是不一样的
		冬天的故事	感受冬天的季节特点；感知冰雪游戏的乐趣
		春天的树和花	发现春季动植物的变化，了解事物发展的规律
	植物角	丰收乐园	收集不同的果实和种子，感受不同的果实食用方法是不一样的
		猜猜它们会怎样长？	
		自选种植？	在不同的条件下种植相同的植物，并能自由表达自己的感知以及操作活动中的感受和发现
		养殖蜗牛、小乌龟、小鱼等	初步懂得爱护动植物

186